DIOGO GONÇALVES

CRIADOR DO BLOG *DIOGO E SUA GRANA*

COMO FICAR
RICO
GANHANDO POUCO

DINHEIRO DE UM JEITO SIMPLES, COMO DEVE SER

PREFÁCIO POR **SANDRO GONZALEZ**

DIOGO GONÇALVES
CRIADOR DO BLOG *DIOGO E SUA GRANA*

COMO FICAR
RICO
GANHANDO POUCO

DINHEIRO DE UM JEITO SIMPLES, COMO DEVE SER

PREFÁCIO POR **SANDRO GONZALEZ**

Todos os direitos deste livro são reservados pela Editora Quatro Ventos.

Editora Quatro Ventos
Rua Liberato Carvalho Leite, 86
(11) 3746-8984
(11) 3746-9700

Proibida a reprodução por quaisquer meios, salvo em breves citações, com indicação da fonte.

Editor Responsável: Renan Menezes
Equipe Editorial:
Sarah Lucchini
Eliane Viza B. Barreto
Diagramação: David Chaves
Capa: Big Wave Media

Todas as citações bíblicas foram extraídas da Almeida Corrigida Fiel, salvo indicação em contrário.

1° Edição: Fevereiro 2019
1ª Reimpressão: Março 2019

Ficha catalográfica elaborada por Geyse Maria Almeida Costa de Carvalho - CRB 11/973

G635c
Gonçalves, Diogo Dias.

Como ficar rico ganhando pouco: dinheiro de um jeito simples, como deve ser / Diogo Dias Gonçalves - São Paulo: Quatro ventos, 2018.
222 p
ISBN: 978-85-54167-08-0

1. Ensino cristão. 2. Educação financeira. 3. Religião. I. Titulo

CDD 207
CDU 27-47

SUMÁRIO

PARTE 1: **EDUCAÇÃO FINANCEIRA** 15

PARTE 2: **ARRUMANDO A CASA** 49

PARTE 3: **A ARTE DE POUPAR** 115

PARTE 4: **GANHAR MAIS TRABALHANDO MENOS** 159

PARTE 5: **CONCLUSÃO** 209

TABELAS - FAÇA VOCÊ MESMO 215

DEDICATÓRIA

Querido leitor, que estas páginas lhe inspirem, capacitem e ajudem a potencializar os seus ganhos e a enriquecer de maneira saudável e inteligente.

Com carinho,

DIOGO DIAS GONÇALVES

AGRADECIMENTO

A Deus toda honra, glória e louvor. Que tudo seja para o Senhor. Sou grato pela sabedoria, saúde e várias portas que Ele abriu; por tudo o que alcancei, mesmo sem merecer.

Ao amor da minha vida, Brenda, que me inspira, confronta, incentiva, acredita em mim e me faz ser um homem melhor a cada dia.

Às minhas princesas Helena e Mariana, que são meu vigor, me realizam como pai e me fazem sentir mais forte e valente todos os dias.

À minha amada mãe Solange e minha irmã Juliana, que acham sempre o melhor de mim em tudo e me ensinam muito.

À Thaís, Thaisinha, que me assessora em meus projetos e que é parte fundamental de todos os frutos que estão sendo colhidos através do projeto Diogoesuagrana.

Ao meu sogro Edwaldo e minha sogra Valéria, por me ensinarem tanto nos meus últimos 20 anos de vida. À Deida, quanto carinho e orações recebo dela. Ao Guto, Mel, Rodrigo e Jô, que me ensinam todos os dias.

À minha família, sustento no dia a dia, e a todos os amigos; em nome do Samuel Mizrahy (Samuka), agradeço a amizade, apoio e a força de sempre.

E aos meus seguidores, muito importantes para o meu crescimento. Vocês são queridos demais! Obrigado por toda a nossa interação em mais de 12 anos. Vamos juntos.

PREFÁCIO

No início da minha vida profissional, como para a maior parte das pessoas, foi muito difícil. O dinheiro era extremamente contado e investido apenas no que era realmente necessário e crucial. Eu sempre trabalhei em uma empresa familiar, que, na década de 80, assim como todo o resto do país, entrou em crise. O Brasil estava passando por uma situação econômica extremamente delicada. Com a crise do petróleo e a dívida externa brasileira, o mercado entrou em colapso e afetou a nação inteira. Naquela época, tivemos de mandar embora cerca de 70 funcionários, o que nos provocou uma imensa tristeza, já que se tratavam de pessoas muito próximas.

Entretanto, apesar da crise, eu e minha esposa ainda tínhamos um carro, e depois de algumas conversas, sentimos que, independentemente da nossa situação, deveríamos fazer um ato de generosidade. Foi quando vendemos o veículo e distribuímos o dinheiro, também como um ato de fé, a todos aqueles que sentíamos em nosso coração. Dali em diante, passamos a pegar carona de um lado para o outro, e mesmo em meio àquela situação, estávamos felizes por termos escolhido destravar a chave da generosidade radical em nossa vida. Aquele ato, sabíamos, seria um estilo de vida exponencial para nós.

Meses depois, para a nossa surpresa, recebemos um convite para participar de uma licitação pública. Até então, a Transpes, nossa empresa, trabalhava apenas no mercado mineiro, e nem passava pela nossa mente crescer em proporções nacionais, o que significa que não só não prestávamos aquele tipo de serviço, como também não conhecíamos nada sobre o assunto. Por mais que trabalhássemos com transporte rodoviário, o nosso *business* era outro, e, por isso, era um desafio enorme realizar ou sequer pensar em participar daquele edital público. Mesmo assim, quando dei início à leitura daquele documento, Deus foi confirmando para mim e para a minha família que deveríamos participar. Comecei a preparar a documentação técnica, a proposta comercial, e, mesmo sem muita expectativa, já que parecia algo impossível de acontecer, continuei firme e obediente ao que Deus havia me dito.

Algum tempo depois, contrariando todas as minhas perspectivas, no final dos anos 80, recebemos a notícia de que tínhamos sido vencedores. Aquela licitação trouxe um novo vigor e um novo patamar para a Transpes. Era um contrato longo, de cinco anos, que colocou a nossa empresa em projeção nacional. Em um período de enorme crise e recessão, lá estávamos nós com aquele contrato maravilhoso.

Hoje, quando olho para trás, tenho convicção de que o que nos abriu as portas e permitiu ganhar a licitação foi a bondade de Deus através daquele gesto de generosidade que plantamos tempos antes. Um dos principais pilares de uma administração financeira saudável, que você aprenderá neste livro maravilhoso do Diogo, é cultivar uma vida de generosidade. Ou seja, espalhando o bem, fazendo com que a sua família, amigos e comunidade sejam abençoadas através do que Deus tem lhe dado. Assim, você cumprirá o que está escrito em Provérbios:

> A alma generosa prosperará, e o que regar também será regado.
> (Provérbios 11:25)

Conheço o Diogo e a sua família há muitos anos, e o seu compromisso com princípios sólidos e imutáveis da boa conduta, ética, moral, e princípios fundamentais das Escrituras nunca mudaram. Além disso, Deus tem lhe dado uma graça enorme para que o assunto "dinheiro" não seja um tabu ou catalisador de conflitos e angústia, mas motivo de grande alegria.

Como meu amigo pessoal, posso afirmar que acompanhei de perto o seu crescimento em todas as áreas, inclusive, profissional. Vê-lo, hoje, um especialista e referência em finanças no Brasil, só me deixa ainda mais feliz por poder reconhecer que isso é resultado de muito esforço, disciplina e determinação. O Diogo sempre foi um amigo que me incentivou e inspirou a sonhar grande, ser excelente em tudo e, obviamente, a cuidar e ser um mordomo generoso e fiel das minhas finanças. Aprendi e continuo aprendendo muito sobre dinheiro com ele, e tenho certeza absoluta de que você entenderá o que eu estou dizendo ao ler estas páginas. Posso garantir que elas expandirão muito a sua mente com ensinamentos objetivos, claros e muito práticos para construção de uma vida financeira saudável e próspera.

Neste livro, você terá acesso a ferramentas e estratégias para desenvolver, potencializar e, até mesmo, resolver suas finanças. Com uma linguagem simples e dinâmica, o Diogo nos apresenta uma realidade complexa de maneira extremamente acessível e cativante.

Que a partir dessa leitura, você possa ser inspirado e encorajado a viver tempos de paz com sua vida financeira, e, principalmente, a aplicar o princípio maravilhoso da generosidade.

Boa leitura!

SANDRO GONZALEZ
CEO da Transpes, eleito o CEO mais admirado do Brasil em 2016 pelo Guia Você S/A.

PARTE I
EDUCAÇÃO FINANCEIRA

1.1 MITOS SOBRE DINHEIRO

"Queria ter nascido rico para ter muito dinheiro". Quem nunca ouviu essa frase? A verdade é que muitos de nós confundimos riqueza com dinheiro, e isso é um mito clássico, que, assim como muitos outros, tomamos como verdade absoluta apenas pelo fato de ter se tornado um dito popular ou um conceito que pressupomos, o que não quer dizer que seja real. A riqueza está associada, muitas vezes, a valores que o dinheiro não pode comprar. Quem ganha pouco, mas vive honestamente e de maneira digna é muito mais rico do que quem ganha fortunas, mas não cumpre com seus compromissos financeiros, por exemplo.

Infelizmente, por uma série de fatores, crescemos em meio a dois extremos quando o assunto é dinheiro: ou lhe colocamos em uma posição de vilão ou de herói. Mas francamente o dinheiro não é nem um nem outro, ele é neutro, e precisa ser. É a nossa mentalidade diante dele, acima de tudo, que precisa mudar se queremos, de fato, começar a ter controle da nossa vida financeira e não sermos controlados por ela. Quando entendemos que o dinheiro, Mamom, não pode ter a palavra final em nossa vida, passamos a não apenas pensar, mas a agir diferente, porque a renovação em nossa mente, conhecida também como metanóia, descrita em Romanos 12:2, teve espaço para acontecer. Assim, a decisão de quantos filhos teremos, se estudaremos naquela universidade renomada, se faremos a viagem missionária x ou y, não será baseada no quanto de dinheiro temos, mas na palavra de Deus que já recebemos, afinal Ele é o dono de tudo o que existe, inclusive das riquezas, e se Ele nos prometeu, Ele trará também os recursos necessários para que essa palavra se cumpra. É claro que aqui não me refiro a nos posicionarmos de maneira irresponsável, mas a cultivarmos um relacionamento tão profundo com Deus, que o medo da falta ou a ganância por mais dinheiro não sejam os fatores de decisão que nortearão o futuro que Ele reservou para nós.

Acredito que em diversos momentos deixamos de viver milagres financeiros ou quaisquer outros tipos de milagre porque não nos colocamos nessa posição de caminhar por fé, optando sempre pelo que é natural, confortável e o que podemos controlar. Com isso, não apenas nos esquecemos, mas também passamos, pouco a pouco, a duvidar de que Deus é o Único capaz de suprir absolutamente todas as áreas de nossa vida, porque tudo o que fazemos é apoiado em nossa força, nossas conquistas e conhecimento, o que acaba minando a entrada do Seu sobrenatural em nossa trajetória. Dessa forma, cada vez mais, passamos a viver aprisionados a uma mentalidade ilusória de que o dinheiro é a resolução de tudo, quando, na verdade, a mudança em nossa mentalidade e perspectiva é o que realmente surtirá efeito genuíno em nossas decisões. Se alguém tem muito dinheiro, mas não tem a visão e o entendimento necessários para fazer aquela quantia se multiplicar e gerar mais frutos, logo acabará com o que tem. Porém, se uma pessoa tem a mentalidade correta, mas ainda não tem grande quantidade de recursos, mesmo com pouco, os seus recursos prosperarão. É a nossa posição de não nos deixarmos escravizar pelo dinheiro que realmente importa.

A Bíblia discorre a respeito de dinheiro em diversas passagens, e alerta que o amor a ele é a raiz de todos os males. O dinheiro em si não é a raiz de nenhum mal, porém a avareza, o roubo, ou a busca motivada por ganância e inveja, assim como a falta de cuidado com os meios que precisará utilizar para alcançar resultados, são sinais não apenas de maldade, mas da escravidão na mente que já está instalada. Por outro lado, investirmos tempo em ganhar dinheiro para dar uma vida melhor aos nossos filhos, familiares, além de podermos realizar nossos sonhos e termos condição de ajudar pessoas, é excelente, saudável e bíblico. Mas o que determinará a maneira como iremos encarar e lidar com as questões financeiras tem ligação direta com a nossa mentalidade.

Dentro disso, é essencial destacar que a mentalidade é indispensável, porém a nossa atitude prática também. É um mito, e até certo ponto, desculpa, pensar que "só ganha dinheiro quem tem dinheiro". Com a quantidade de informações disponíveis que temos hoje, podemos aprender a investir melhor o nosso dinheiro e aumentar a nossa renda. Investimento financeiro não é só para os mais ricos. Através da informação também podemos sair de uma dívida, por exemplo. Entretanto, cabe a nós corrermos atrás dessas informações e colocarmos em execução o que melhor se aplica à nossa realidade e perspectivas.

De modo geral, precisamos entender que os mitos, conceitos e suposições a respeito desse assunto são infinitos, e que poderíamos analisar e discutir centenas deles, porém o mais importante nesse momento é compreendermos que o dinheiro é um instrumento que, se bem utilizado, contribui para o crescimento da qualidade de vida e realizações. E este livro mostrará a você o melhor caminho para chegar lá.

1.2 INVISTA EM CONHECIMENTO!

Já dizia Benjamin Franklin: "Investir em conhecimento rende sempre os melhores juros". Se você quer se tornar rico, um dos primeiros passos é investir em si mesmo. É como em um jogo, só nos saímos bem se sabemos as regras. Na vida financeira não é diferente, quanto mais conhecimento temos, maiores são nossas oportunidades e capacidade de aproveitá-las.

Sim, para nos tornarmos ricos é necessário pensar como eles. Porém, a maioria das pessoas acaba não progredindo nas finanças, e permanece estagnada na pobreza ou na classe média, por causa da falta de informação ou das más ideias em relação ao dinheiro. Ter conhecimento é essencial para nos preparar para tomar as decisões corretas em relação ao dinheiro e atingir o equilíbrio financeiro e conquistar nossos objetivos. Quando aprendemos a investir, colocamos o nosso dinheiro para trabalhar para nós.

Sendo assim, uma boa dica é começar acessando os sites de instituições, como Bolsa de Valores (B3), Comissão de Valores Mobiliários (CVM) e Associação das Entidades dos Mercados Financeiro e de Capitais (Anbima). Essas entidades possuem seções específicas e didáticas voltadas principalmente para quem está começando a investir. Uma consultoria financeira, na qual foquei a minha carreira, também é uma ótima opção de início para os que desejam entender melhor as tomadas de decisão. Lembre-se, nós sempre precisamos uns dos outros para nos desenvolvermos em nossa vida; cada um dentro de sua especialização.

Além disso, existem cursos, do nível básico ao avançado, alguns até gratuitos, que capacitam e ensinam a respeito desse universo. Muitos deles, *online*, o que facilita bastante para aqueles que não têm tanto tempo disponível. Isso sem contar os simuladores *online* gratuitos, nos quais é possível treinar e entender o funcionamento da compra e venda de ações, ou o dia a dia da Bolsa de Valores, por exemplo. Esta última é uma forma imediata de colocar em prática o conhecimento que será adquirido.

Entretanto, vale lembrar que ninguém se torna um especialista em finanças, e nem em qualquer outra coisa, da noite para o dia. Isso leva tempo. Talvez você nem queira esse "título", e tudo bem. Mas, seja como for, o importante é ter consciência de que todo mundo precisa de um conhecimento mínimo nessa área, independentemente da sua habilidade ou não em matemática. Conhecimento nunca é demais e, nesse caso, é uma questão de necessidade.

1.3 EDUCAÇÃO FINANCEIRA ANDA LADO A LADO COM SUA QUALIDADE DE VIDA

É verdade, o dinheiro compra qualidade de vida. Mas o que exatamente qualidade de vida significa para você? Entre as infinitas possibilidades, ter uma boa casa e carro, colocar os filhos em uma excelente escola, garantir um ótimo futuro para a sua família, e poder viajar, pelo menos, uma vez ao ano, são alguns dos conceitos que definem prosperidade para mim, mas nem sempre qualidade de vida. Ter dinheiro simplesmente não é sinônimo de qualidade vida, mas ter tempo para desfrutar dos benefícios que ele pode proporcionar é o que torna saudável e, de fato, gera qualidade de vida, um equilíbrio entre o tempo que se gasta para ganhar dinheiro e o tempo que se tem para usar o dinheiro.

É evidente que muitas coisas não têm preço, como quando estou com minhas filhas desfrutando de um tempo só nosso. Saúde e paz também são coisas que o dinheiro não é capaz de comprar. Mas aqui me refiro especificamente ao que só pode ser adquirido se tivermos condição de comprar, como uma casa, por exemplo, que gera bem-estar e conforto. Bens materiais só podem ser conquistados através de muito trabalho, mas só valem a pena quando alcançados de maneira equilibrada e saudável. De que adianta investir todo o seu tempo para ganhar dinheiro se ele nunca for suficiente ou se você não tiver tempo para gastá-lo? É duro mencionar isso, mas normalmente muitos só param para refletir nessas questões ou mudam de comportamento quando alguém que conhecem falece ou adoece.

Naturalmente, não tenho a pretensão de afirmar o que é bom ou não para você. Cada um tem um estilo de vida e sabe a qualidade que quer proporcionar a si mesmo, porém vale refletir: como você tem administrado seu tempo e seus recursos? Esses métodos têm sido suficientes para lhe oferecer a qualidade de vida que você sonha? Na vida, especialmente para os que desejam usufruir de qualidade, é necessário priorizar certas coisas. E, quando fazemos isso, automaticamente, precisamos abrir mão de outras. Ter equilíbrio financeiro e prioridades bem definidas é o segredo para desfrutar de suas próprias conquistas de maneira positiva. Na economia, isso é chamado de *Custo de Oportunidade*, quando se abre mão de alguma coisa em razão de outra que tenha mais prioridade ou valor.

Por isso, é tão essencial manter sempre em mente que é o dinheiro que deve trabalhar para você, e não você trabalhar para o dinheiro.

14 O MILAGRE DA REGULARIDADE

Já parou para pensar como a nossa saúde está relacionada diretamente com as nossas finanças? Pense comigo. Toda dieta funciona, mas se um dia decidir interrompê-la, seu corpo voltará a ser como era antes. Da mesma forma com o dinheiro. Todo controle financeiro funciona até o momento em que se decide parar de controlar, então se afunda novamente. Ganhar dinheiro é difícil, mas perdê-lo é tão fácil e rápido como a dieta interrompida, na qual você paga um alto preço para manter um corpo saudável, mas, ao primeiro sinal de férias ou feriado, pode colocar tudo a perder.

Porém, regimes não são suficientes e, de certa maneira, nem sempre saudáveis também, afinal, ninguém quer viver eternamente com todas essas restrições alimentares. Se queremos nos manter em forma de modo saudável, precisamos nos exercitar fisicamente com constância. Apenas a regularidade é capaz de trazer resultados eficazes e sadios.

Isso vale também para a nossa vida financeira, e, de vez em quando, os dois até podem caminhar juntos. Adotar hábitos saudáveis, muitas vezes, pode nos fazer economizar dinheiro ao mesmo tempo em que aumenta a nossa qualidade de vida. Pelo consenso, a maioria não pratica exercícios físicos aos finais de semana. Mas por que não optar por um lazer que mexa com o nosso corpo, como parques, praças e quem sabe um bom piquenique, em vez de priorizar cinemas ou a televisão em casa? Essa é uma troca que poderá lhe fazer sair ganhando duplamente.

Além disso, há outras maneiras de combinar saúde e economia. Uma dica é usar o ambiente e as circunstâncias a seu favor. Está sem tempo para ir à academia porque trabalha ou estuda o dia inteiro? As escadas podem fazer parte da sua rotina; troque o elevador por elas e se surpreenda com o resultado. Da mesma maneira, se você é resistente com o uso de planilhas de orçamento financeiro, e não está disposto a usar mesmo e ponto-final, uma solução é a utilização de um caderno ou até mesmo a separação do seu dinheiro em saquinhos plásticos, envelopes ou utilizar *clips*. Nesses casos, o salário pode ser distribuído em cada saquinho, envelope ou clips com a identificação de cada despesa, para facilitar o controle e organizar o seu orçamento, por exemplo. É evidente que a organização manual de seu orçamento não terá a capacidade de projetar o futuro e fazer cálculos automáticos como as planilhas digitais fazem, mas ela é uma ótima saída para o controle mensal também. Use a criatividade, aproveite o que está disponível em seu ambiente. O importante é que cada uma dessas práticas se torne constante.

Quando somos crianças, a nossa maneira de encarar e lidar com o mundo é desenvolvida de acordo com o contexto em que estamos inseridos e, algumas vezes, com as oportunidades que tivemos. Com isso, em quase 100% dos casos, nos tornamos um retrato ou produto do que vivemos, aprendemos e de quem tínhamos como referência em nossa infância. Isso reflete diretamente também na maneira como nos comportamos diante do assunto finanças. Alguns aprendem desde cedo a serem disciplinados em tudo o que fazem, seja através de esportes, da cultura familiar ou de algum referencial que possui este princípio, porém outros são obrigados a aprender esse valor por si mesmos. Seja como for, é primordial que a busca pela disciplina aconteça em algum momento, pois ela é imprescindível para o desenvolvimento da saúde financeira e de qualquer outra área em nossa vida. O problema é que muitos querem uma mudança em sua realidade, mas não estão dispostos a mudar de comportamento, porque isso implica pagar um preço e sair da sua zona de conforto. Não existe mágica, se queremos uma vida diferente, não podemos esperar que a mudança aconteça enquanto mantemos as mesmas atitudes. Apenas com novos comportamentos atingiremos novos resultados.

Diante disso, é necessário que comecemos estabelecendo metas concretas que apontem para o futuro que sonhamos, afinal, se não sabemos onde chegar, qualquer lugar está bom. No entanto, com metas consistentes e a disciplina de nos mantermos constantes em realizá-las, atingiremos todos os nossos objetivos de forma estratégica e eficaz.

Em outras palavras, na prática, se ficamos mais de duas semanas sem nos exercitar, o nosso corpo perde o condicionamento, assim como acontece quando paramos de acompanhar o nosso orçamento, por exemplo. Dessa forma, se o deixamos "sozinho" e não nos mantemos informados em relação às atualizações, os esforços anteriores não terão servido para nada, e, muito provavelmente, em pouco tempo poderemos nos encontrar com graves problemas. A constância em gerenciar cada etapa é fundamental para o êxito de nossa vida financeira. Da mesma maneira, o resultado é proporcional ao esforço em tudo o que fazemos, seja em relação à nossa saúde ou à nossa grana. Para tudo na vida, o segredo está em começar e não parar no meio do caminho, persista sempre.

1.5 NÃO FAÇA ECONOMIA PORCA!

Economizar, principalmente em tempos de crise, é crucial. Porém, já parou para pensar que nem toda economia vale a pena? Quem já tentou aproveitar uma promoção e acabou perdendo dinheiro por comprar algo que não atendeu às expectativas ou não compensou financeiramente sabe do que eu estou falando. Entretanto, algumas escolhas que parecem simples podem gerar um prejuízo absurdo para o nosso bolso se não ficarmos atentos.

Há pessoas que abrem mão de pagar o seguro do carro, por exemplo, e acabam batendo o veículo e tendo que arcar com um prejuízo, quase sempre, mais alto do que o próprio valor do seguro. Esse tipo de situação é mais comum do que imaginamos.

A verdade é que toda compra, seja de produtos ou serviços, tem suas vantagens e desvantagens, por isso precisamos colocar na balança e entender que nem sempre o que conta é apenas o valor investido. Em alguns casos, o barato pode sair muito caro.

Por esse motivo, aí vão algumas dicas bem práticas para ajudá-lo a entender o que compensa e o que é furada:

- Comprar produtos alimentícios que estão em promoção sem antes conferir o prazo de validade é perder dinheiro, caso você não consiga consumi-los a tempo.

- Dependendo da funcionalidade do produto, investir em mercadorias sem qualidade ou com pouca durabilidade é tolice. Uma alternativa é pagar um valor um pouco acima, se comparado com outra marca inferior, e comprar algo que dure mais, assim o custo-benefício trará um retorno realmente vantajoso. Por exemplo, alguns compram óculos de sol sem proteção UV e acabam tendo problemas de vista que lhes causam muito mais despesas do que se tivessem comprado um mais caro, porém com a proteção necessária.

- Adquirir produtos e serviços em *sites* de compras coletivas só para aproveitar promoções é um desperdício, ainda mais se não tiver certeza de que terá tempo para usufruir daquele serviço ou, no caso de produtos, se este caberá em você. A *internet* dispõe de muitas ofertas tentadoras. São jantares, diárias em pousadas, tratamentos estéticos, promoções de livros, roupas e tudo o mais à distância de um clique. Um exemplo clássico são aqueles que compram um serviço e descobrem apenas depois de adquirirem que ele é válido somente durante a semana e que por trabalharem não poderão comparecer. Compraram o *voucher* e jogaram o dinheiro no lixo. E as pessoas que pagam planos anuais de academia porque são bem mais baratos que os mensais, mas não conseguem dar sequência? Preste atenção na validade, nas letras miúdas dos contratos e certifique-se de que realmente conseguirá desfrutar daquele produto ou serviço.

- Não compre roupas de tamanhos diferentes do seu para ajustar depois. Na maioria das vezes não vale a pena financeiramente bancar uma costureira para esse tipo de serviço.

Os exemplos e dicas para estes tópicos são muitos, mas a ideia é fazê-lo refletir sobre o valor que você dá ao dinheiro. Ele não pode ser um número final quando fechamos uma compra, mas precisa ser colocado em nosso orçamento, respeitando nossas necessidades, investimentos e, sobretudo, nossos objetivos para ele.

1.6 GANHAR MAIS FARIA DIFERENÇA?

Acredito que a resposta inevitável que vem à nossa mente parece lógica. É claro que ganhar mais faria diferença no final do mês. Se ganhássemos um salário maior, poderíamos elevar a nossa qualidade de vida, viajaríamos mais, estudaríamos mais, quem sabe até fora do país, e por aí vai.

Entretanto, ao contrário do que pensa a maioria, o problema, na maior parte das vezes, não está relacionado com a quantidade que ganhamos, e sim com a nossa capacidade ou não de administrar e poupar o que recebemos. Será que se ganhássemos mais, conseguiríamos resolver nossas pendências financeiras ou gastaríamos ainda mais tentando sustentar um padrão de vida cada vez mais elevado?

A questão é que sempre achamos que ganhamos pouco demais. É claro que um dinheirinho a mais não faz mal a ninguém, mas a reflexão aqui tem menos a ver com a quantidade de dinheiro e mais com a gestão financeira que você tem adotado em sua vida. Acompanho pessoas que ganham um salário mínimo e que são mais organizadas do que pessoas que ganham fortunas e vivem endividadas. O segredo não está no quanto ganhamos, e sim no quanto gastamos. Se você recebesse um aumento hoje, estaria preparado para lidar com uma quantia maior de dinheiro? Conseguiria poupar, investir e administrar melhor suas despesas ou gastaria tudo na tentativa de aumentar o seu padrão de vida? Esse é o ponto-chave que precisamos analisar.

Alguns ganham um aumento mínimo e já querem trocar de casa, de carro, viajar e reformar o guarda-roupa, e, de fato, isso é possível. Mas o erro é pensar que isso se deve ao aumento de salário, e não ao planejamento para realizar tais coisas. Essa diferença é brutal, e se não for bem compreendida pode gerar consequências graves a curto, médio e longo prazos.

Certa vez, um amigo viveu uma história que ilustra exatamente o que quero dizer. Na época, ele tinha 23 anos, ganhava cerca de R$ 1 mil e gastava R$ 1,2 mil, mas prometia para si mesmo que quando ganhasse R$ 2 mil, teria R$ 800 para poupar. Doce ilusão. Cerca de 10 anos mais tarde, ele, depois de muito esforço, competência e um pouco de sorte, em seu terceiro emprego, passou a ganhar R$ 10 mil líquido. Em contrapartida, ele subiu o seu padrão de vida de maneira tão desproporcional aos seus ganhos, que acabou por se endividar com carros, motos, brinquedos caros, e várias saídas com os seus "amigos ricos". Um ano após a sua promoção, infelizmente, ele perdeu o emprego e, àquela altura, as suas dívidas eram tão altas, que mesmo com todos os acertos inerentes a um trabalhador de carteira assinada mais os acertos de um funcionário com mais de quatro anos na mesma empresa, não conseguiu pagar tudo o que devia. De modo prático, o quadro ilustrativo esclarece o que aconteceu com aquele jovem:

Atenção, tamanho do salário não é documento!

· PADRÃO DE VIDA MODESTO · MENOR ACESSO A CRÉDITO · MAS SEM CONTROLE	· ELEVADO PADRÃO DE VIDA · MAIOR ACESSO A CRÉDITO · CONTINUA SEM CONTROLE
RESULTADO: DÍVIDA	**RESULTADO: DÍVIDA MAIOR**
RENDA: R$ 1.000 DESPESA: R$ 1.200	RENDA: R$ 10.000 DESPESA: R$ 13.000
SALDO: - R$ 200	SALDO: - R$ 3.000

A dívida daquele rapaz após mudar de emprego pela primeira vez era de aproximadamente R$ 23 mil. Quando foi demitido do terceiro emprego, sua dívida ultrapassava a marca dos

R$ 200 mil. O seu padrão havia aumentado, entretanto, por causa da ausência de planejamento, metas e objetivos, ele não estava preparado para ganhar mais. Em uma das vezes que lhe aconselhei, lembro de algo triste e marcante que ele compartilhou comigo: "Eu acho que preferia de volta a minha vida simples, quando eu ganhava apenas R$ 1 mil e minha dívida ainda era pequena se comparada a hoje". A partir daquele dia, resolvi tratar sobre esse tema em minhas palestras e consultorias, pois, antes de ler e entender a fundo a raiz de como isso se dá, me parecia absurdo.

Não se queixe do quanto ganha. Faça do seu salário a quantia ideal para conseguir viver bem dentro dos limites que ele oferece. Trabalhe. Estude. Procure aumentar os seus rendimentos. Isso é bom, saudável e não tem problema nenhum. Só não se esqueça de se preparar para lidar com quantias maiores futuramente. Não permita que o dinheiro o escravize, mas seja o senhor dele e usufrua de seus benefícios. Eu garanto que se você souber administrar os seus bens com excelência, terá ainda mais recursos para cuidar e responsabilidades para administrar, porém a colheita também será maior.

I.7 CLASSE MÉDIA VERSUS CLASSE A – EMOÇÃO VERSUS LÓGICA

Muitas vezes, por medo, falta de perspectiva ou qualquer outro motivo, deixamos de sonhar com objetivos maiores, o que acaba por nos aprisionar sempre na mesma realidade. Como comentei, se queremos nos tornar ricos, precisamos começar a pensar como eles. Aquilo que nos distancia de novas realidades é pura e simplesmente a nossa mentalidade. Tudo é uma questão de mudar a forma como pensamos, ou como chamamos em inglês, o nosso *mindset*. Mas, entenda, mudar a mentalidade não significa agir por impulso para adquirir bens materiais e forjar uma vida próspera. Ricos não agem assim.

Algumas pessoas compram carros caros pensando no *status*, beleza, e não necessariamente em sua funcionalidade. Não tem problema ter um carrão, aliás, eu gostaria que todos nós tivéssemos essa oportunidade, mas a questão é: você compra porque pode ou por que quer mostrar que tem?

Ricos são racionais. Alguns acabam gastando muito, afinal, eles "podem". Mas, em geral, eles são racionais. Ricos sempre fazem cálculos se o seu dinheiro aplicado no mercado financeiro ou em algum empreendimento vale mais que a quantia gasta em algum bem que traz a sensação momentânea de prazer. Além disso, eles também estabelecem metas altas e trabalham para conquistá--las. Quais metas você tem estabelecido? Você tem trabalhado para vê-las se tornando realidade? Metas precisam ser escritas, e não apenas mantidas em nossa mente. Tudo o que não anotamos temos a chance de esquecer. Quando visualizamos nossas metas, não apenas não nos esquecemos, mas deixamos cada uma delas frescas diariamente para nós.

Sendo assim, quando nos interessamos por um carro novo, por exemplo, o que devemos avaliar não é apenas a sua beleza, a emoção que sentimos ao entrar nele ou o prestígio que poderemos ter se o comprarmos. Precisamos analisar friamente e conseguirmos explicar para nós mesmos as razões pelas quais aquele carro é a melhor opção de compra. Entre os tópicos para essa análise precisam estar: segurança, formas de pagamento, preço, garantia, quilometragem, autonomia e outros aspectos racionais de decisão. Entretanto, o que muitos fazem é comprar baseados na emoção e justificar essa compra com fundamentos lógicos. Cuidar das finanças exige mais da sua razão do que da sua emoção.

É claro que você pode ter muito mais, desde que se planeje para isso. Estabeleça uma meta e trabalhe para alcançá--la. Pare de comprar por emoção. Você sabia que estratégias de marketing apontam o impulso como grande propulsor das vendas? Às vezes acabamos comprando algo mesmo que a decisão inicial fosse não comprar. Movidos por justificativas não racionais acabamos adquirindo produtos ou serviços sem nem pensarmos duas vezes, apenas pelo prazer da compra ou ideia de posse. Dessa forma, o dinheiro que poderia ser investido para alcançar um bem ainda melhor acaba escorrendo pelo ralo. É isso o que acontece quando estamos com muita fome, por exemplo, e gostaríamos de comer um prato gigante de comida, mas, por algum motivo, acabamos fazendo um prato razoável e, em vez de repetirmos, damos uma volta em casa, fazemos alguma atividade ou tarefa, e percebemos que não precisávamos comer mais. Quando compramos por impulso, nos arrependemos de barriga cheia. Nesse caso, a sugestão é refletir a respeito da necessidade ou condição de adquirirmos aquele produto ou serviço, já que nem sempre temos a quantia para bancar algo naquele valor. Dê uma volta no *shopping* ou dê um tempo antes de realmente comprar o que deseja. Se, ao final do passeio ou tempo estipulado, achar que realmente precisa daquilo, volte até a loja física ou online. Fazendo isso, uma coisa é certa, a sua escolha será muito mais racional e assertiva do que antes.

1.8 O SEGREDO DOS RICOS

Algo que sempre achei curioso, para não dizer triste, é a necessidade que diversas pessoas têm de se afirmar por meio de bens materiais. Muitas dessas pessoas, inclusive, vivem uma busca tão frenética por aceitação que parece que quanto menos elas têm, mais querem aparentar ter. Alguns almejam ser ricos, mas vivem pelo *status*, gastando um dinheiro que não têm, para comprar coisas que nem sempre precisam, apenas para manter uma aparência.

Essa é uma das grandes diferenças entre a classe média e a classe alta. Enquanto uns supervalorizam coisas, os ricos valorizam ter dinheiro. E para se tornar rico, você precisa querer mais o dinheiro (espécie) do que as coisas em si (bens e serviços). Sei que parece óbvio, mas entenda: quanto mais você compra, menos dinheiro sobra para você. O segredo é investir, porque somente quando investimos o nosso dinheiro, fazemos com que ele trabalhe para nós. Apenas poupar não é o suficiente para alguém se tornar rico. Sim, é o primeiro passo, mas depois disso precisamos encontrar maneiras de fazer com que o nosso dinheiro renda e multiplique, e uma delas é investindo corretamente. Entretanto, se gastarmos tudo, como vamos investir? Na verdade, precisamos ter muita sobriedade para comprar, afinal, muito do que compramos, nos gera ainda mais gastos do que apenas o seu valor. O carro é um exemplo claro disso.

Por isso, pare de comprar coisas ou sustentar um padrão que ainda não é para você, e comece a poupar grana para investir. Se você é compulsivo por compras, comece a investir em compras de ativos, por exemplo. Ativos podem ser definidos como bens, valores, créditos, direitos e outros, que formam o patrimônio de uma pessoa ou um conjunto de pessoas, como ações de empresas, terrenos, propriedades ou mesmo empresas. Corra atrás, interesse-se e estude a respeito de investimentos. Para o progresso da nossa vida financeira, é necessário mais do que apenas poupar. Gaste dinheiro somente com o que é necessário para uma qualidade de vida saudável e o que, de fato, fará diferença para você. Não tente esbanjar nem gaste com superficialidade. Tenha consciência e seja responsável.

[1]Warren Buffett, um dos maiores investidores do mundo, ainda mora na mesma casa que comprou em 1958. Ele, um assumido bilionário, hoje com seus 88 anos de idade, nunca esbanjou ou gastou o seu dinheiro com luxos ou besteiras.

---

[1]Disponível em: https://pt.wikipedia.org/wiki/Warren_Buffett

O interessante é que, ainda na escola, Buffett já buscava atividades para gerar dinheiro, como entregar jornais, vender balas porta a porta e coletar e reciclar bolas de golfe.

Com 10 anos, teve o seu primeiro contato com a bolsa de valores de Nova Iorque. Nesse período, comprou três ações preferenciais da companhia Cities Service com sua irmã, e quando elas subiram, Warren vendeu-as imediatamente. Em 1934, comprou um Rolls Royce e o alugava por US$ 35 o dia. Comprou também 40 acres de terra em Nebraska e a alugava para um fazendeiro. Em 1945, comprou uma máquina de fliperama recondicionada por US$ 25, e após algum tempo já era dono de seis máquinas locadas em barbearias, faturando US$ 50 semanais. Quando terminou o colégio, já acumulava mais de US$ 90 mil. Ele costumava dizer: "A primeira regra é não perder dinheiro. A segunda regra é nunca esquecer a primeira regra".

Em 2008, Buffett tornou-se o homem mais rico do mundo, com uma fortuna estimada em US$ 60 bilhões. De acordo com a revista Forbes de março de 2018, esse valor era de aproximadamente US$ 84 bilhões.

Mesmo assim, o investidor ainda hoje não usa celular, não tem um computador em sua mesa, dirige seu próprio automóvel e mora na mesma casa desde jovem.

Saiba no que investir. Aprenda a se controlar, viva dentro das suas condições e faça com que o dinheiro trabalhe para você. Não existe uma receita para a riqueza, mas se existisse, tenho certeza que passaria por essas dicas.

I.9 QUER FICAR RICO?

Vivemos em tempos de capitalismo selvagem. Isso significa que, independentemente de querermos ou não, precisamos prestar mais atenção em como tratamos o nosso dinheiro, já que cada vez mais somos induzidos ao consumo exagerado em uma cultura que prega: "Dá para dividir no cartão?". O que fazemos hoje refletirá 100% em nosso futuro. E, por esse motivo, o impulso, mesmo que pequeno, é perigoso e pode ser fatal. Honestamente, eu acredito que a maioria das pessoas tem um lado consumista dentro de si, por isso sempre precisamos de alguém por perto para nos ajudar em dias de desequilíbrio.

Além disso, pontuei algumas dicas que podem te ajudar a lutar contra o consumo sem critério. Se você quer mesmo ser rico algum dia, preste atenção nessas dicas:

- Organização: Tenha o hábito de anotar os seus gastos. E não só isso, mas organize a sua vida como um todo para arcar com as despesas. Você sabe quando suas contas vencem? O atraso no pagamento pode gerar multas. Já pensou em colocar as suas contas principais em débito automático? Além de ganhar tempo, você não corre o risco de não efetuar o pagamento e, muitas vezes, pode até ganhar um desconto.

- Dedique tempo para as suas finanças: Em dias tão corridos, achar tempo para mais uma tarefa parece impossível, mas se você não cuidar do seu dinheiro, não espere que outra pessoa o faça. Essa pode ser a chave do sucesso que falta em sua vida. Dedique-se em encontrar despesas que podem ser substituídas. Ligue para operadoras de TV, *internet* e telefone, por exemplo, e negocie os seus pacotes. Isso parece pequeno, mas faz muita diferença no orçamento mensal, e se projetarmos para o anual, esse é multiplicado por doze.

- Defina os seus objetivos: Não somente os financeiros, mas metas pessoais de vida. Tendo objetivos claros, você precisará trabalhar e poupar mais, e de forma automática, para alcançar essas metas. Porém, quando você menos esperar, terá criado um hábito financeiro saudável.

- Fale sobre dinheiro: Converse com a sua família, alinhe as expectativas, quebre o tabu de não tocar nesse assunto ou achar que conversas como essa provocarão estresse. Isso não é verdade. Ser transparente é a melhor opção para as finanças de sua família. Não ache que seu cônjuge não precisa saber e, muito menos, que os seus filhos não entendem o que você fala. Nossos filhos precisam ser disciplinados em todas as idades, e nós precisamos ter sabedoria para falar com eles de acordo com sua maturidade, e não apenas idade. Converse, exponha as situações para seus familiares, independentemente se houver falta ou fartura. A transparência e diálogo aberto sobre as finanças são sempre essenciais.

1.10 CARO OU BARATO? AJUSTE O SEU PONTO DE VISTA!

Antes de mais nada, é vital entendermos que preço e valor são coisas diferentes. Preço é aquilo que está na etiqueta e ponto. Se um produto está etiquetado com o preço de R$ 50, ele custa R$ 50 e pronto. Agora, se o valor desse mesmo produto de R$ 50 é caro ou barato, isso é outra história. Afinal, o que é barato para um pode ser caro para outro. E é aqui que entra em cena o que chamamos de valor percebido. Em outras palavras, a percepção que cada um tem a respeito do valor.

Essa percepção não necessariamente tem a ver com a capacidade financeira de cada pessoa, e sim com o que ela acha que tem ou não algum valor. Por exemplo, na minha opinião, alguns brincos de mulher, que não são considerados joias, são muito caros, mas a minha esposa não acha tanto. Ou seja, a nossa percepção de valores em relação a esse produto é muito diferente.

Logicamente, existem algumas coisas que não são caras pelos benefícios que oferecem, o que não significa que temos dinheiro para adquiri-las. Por isso, vale a pena nos organizarmos financeiramente para comprar esses produtos ou serviços. Mais uma vez, os carros entram como exemplo nesse caso. Entretanto, ainda usando a mesma linha de raciocínio, alguns carros, mesmo que eu tivesse condições, não compraria por achar que não valem a pena.

Essa noção de caro ou barato dependerá da sua renda, das suas possibilidades e até mesmo da forma como você foi criado. Precisamos encontrar um equilíbrio ao longo da vida, entender o ponto de vista do próximo (principalmente, os casados) e seguir tentando alinhar as nossas expectativas às nossas realidades.

1.11 NÃO É PORQUE ESTÁ COM DESCONTO QUE VOCÊ PRECISA COMPRAR!

É comum, ao final de cada mês, a expectativa das pessoas em receber o seu salário. As lojas, sabendo disso, aproveitam para liquidar todos os produtos que sobraram e ficaram "encostados". Por isso, nessas épocas, as promoções se tornam constantes, mas não se engane. Não é porque está barato ou menos caro que você precisa comprar. Agora, saber aproveitar uma oportunidade quando você já estava se preparando para isso é outra coisa. O período de Natal é uma ótima ilustração dessa realidade. Lembre-se dos bons preços oferecidos ao longo de cada ano. O recomendável é se planejar para comprar o que for necessário para essa época.

Um outro exemplo é: você precisa de um tênis, já tem planejado o quanto pode gastar e até separou uma quantia para adquirir um par novo. Então, de repente, surge uma promoção, mas como você já estava com esse objetivo, vale a pena investir na compra naquele momento. O problema é quando queremos sair comprando tudo o que vemos pela frente porque "está baratinho" e "estamos precisando tanto", sendo que, na verdade, essa era só uma desculpa para minimizar o peso em nossa consciência por termos gastado dinheiro sem ter planejamento. Não se engane. Aprenda a separar uma quantia para aproveitar as oportunidades e entenda que, caso não dê agora, uma hora a promoção voltará.

Dentro disso, uma solução interessante também pode ser juntar dinheiro todos os meses para fazer uma compra "grande" uma vez por ano. Analise e adapte o que melhor se encaixa no seu perfil. Porém, lembre-se: não se deixe levar por promoções e descontos.

1.12 PRECISAMOS FALAR SOBRE DINHEIRO COM OS NOSSOS FILHOS

Em dezembro de 2017, uma pesquisa realizada pelo [2]SPC Brasil mostrou que 58,4% da população têm contas atrasadas, o que representa quase 60 milhões de brasileiros endividados.

Esse número preocupante corresponde a cerca de 40% da população entre 18 e 95 anos. Segundo a mesma instituição, a inadimplência cresceu 0,15% em novembro em relação ao mês anterior. Já em comparação a novembro do ano passado, o

---

[2]SPC Brasil é o banco de dados mais completo da América Latina em informações creditícias sobre pessoas físicas e pessoas jurídicas, que auxilia na tomada de decisões para concessão de crédito pelas empresas em todo país.

aumento foi maior, totalizando 0,23%. De acordo com dados divulgados pela [3]Serasa Experian, o descontrole financeiro e o desemprego são as principais causas.

Porém, esse número, com certeza, seria bem menor se todos aprendessem a se organizar financeiramente desde pequenos. As crianças precisam e devem ser preparadas para o mundo que irão enfrentar na fase adulta, mas, quando isso não acontece, vemos os resultados refletidos diretamente em nosso cenário econômico como acontece hoje. A prática financeira deve fazer parte do nosso dia a dia, e aqui não me refiro ao dinheiro em si, mas à consciência dos gastos, ao planejamento e a importância de poupar. Devemos aprender que nós temos de ser senhores do dinheiro, e não o contrário. Precisamos mudar a nossa cultura com urgência, senão os números apontados anteriormente serão cada vez maiores. Assim como nos alimentamos, estudamos e praticamos exercícios físicos, cuidar de nossas finanças pessoais e ensinar nossos filhos essa cultura precisa ser parte de nossa rotina.

A literatura que aborda sobre finanças aponta a idade de 7 ou 8 anos como o período ideal para introduzir este assunto de forma didática. A mesada é uma ótima maneira de colocar isso em prática. Entretanto, a minha experiência me permite afirmar que, independentemente da idade, o principal a ser levado em conta é a maturidade da criança; as idades são

---

[3]Serasa Experian é uma empresa brasileira de análises e informações para decisões de crédito e apoio a negócios, que atua por meio de acordos com empresas de informações de todos os continentes.

apenas uma referência. Nesses casos, não necessariamente o dinheiro em si precisa ser colocado em pauta, mas podemos ensiná-las indiretamente, por exemplo, instruindo-as a apagar a luz quando forem sair dos ambientes ou educando sobre a importância de acelerarem no banho por causa da economia de água. Tudo isso também custa dinheiro.

É válido explicar também de onde o dinheiro vem e como o ganhamos. Conversar sobre o seu trabalho, sobre o tempo que passa fora de casa executando tarefas para, em troca, receber dinheiro e trocá-lo, novamente, por comida, pelo local que moram, energia, pelos brinquedos que ganham, o clube que frequentam e assim por diante, é extremamente crucial.

Ensiná-las a respeito da diferença entre desejo e necessidade, e mostrá-las a importância de se planejarem para conseguirem o que querem, também são lições vitais nesse processo. Costumo dizer para as minhas crianças que quando elas desperdiçam comida, água ou mesmo energia estão trocando o tempo do papai fora de casa por estes gastos. É uma abordagem que tem dado certo para elas que têm 5 e 3 anos e meio de idade.

Quando a criança alcança um entendimento ainda maior, a "semanada" e mesada fazem com que ela tenha a chance de colocar em prática o que você tem ensinado. Uma das instruções que sempre dou é remunerá-la a partir de um trabalho executado, estabelecendo, com isso, uma troca entre trabalho e dinheiro. Um exemplo que tem trazido ótimos resultados é dar o dinheiro do lanche da escola e também o do final de semana para que sábado e domingo a criança não precise pedir mais, aprendendo a usar o dinheiro que estava com ela desde o início da semana.

O importante é, uma vez tendo dinheiro, começar a se planejar, poupar e fazer um orçamento. Sonhe com os seus filhos, anote tudo o que eles querem (produto e preço) e, à medida que conseguirem o dinheiro, marquem também a conquista daquele objetivo. Isso demonstra de maneira visual e prática o quão fundamental é poupar para adquirir um bem no futuro. Não se trata, portanto, de estimular o consumismo, mas, acima de tudo, a responsabilidade.

Os filhos são reflexos dos pais. Por isso, o exemplo é fundamental. Depois de ensiná-los na teoria, praticar todos esses ensinamentos é, sem dúvida, o mais importante. No Brasil, economicamente turbulento, as famílias que tiverem o mínimo de consciência financeira em relação às suas possibilidades serão a base da reconstrução da economia real: aquela do dia a dia.

Preparar as futuras gerações ensinando-lhes sobre o valor do dinheiro poderá não apenas aperfeiçoar, mas criar oportunidades para um país melhor, até mesmo em dimensões éticas.

1.13 DAR OU NÃO MESADA PARA O SEU FILHO?

Como comentei, de acordo com a bibliografia do tema, a idade ideal para introduzir a mesada para as crianças é a partir de 7, 8 anos de idade, que é quando elas começam a entender o que é dinheiro e o que é gasto. Por outro lado, isso não é uma regra, já que, para mim, por exemplo, o principal a ser observado é a maturidade da criança, porque apenas assim saberemos de que forma introduzir o assunto finanças em sua vida, qual valor e se será por semana ou mês. Por isso, cada caso é um caso.

Um dos objetivos da mesada é fazer com que a criança crie consciência a respeito desse assunto, além de, obviamente, aprender a dar valor ao dinheiro. Isso sem contar que através dela dividimos um pouco da responsabilidade com as crianças. Evidentemente, esse dinheiro precisa ser uma quantia que elas possam controlar, gastar sem moderação e até mesmo perder, mas, seja como for, é essencial que elas criem esse compromisso para que iniciem sua educação financeira ainda bem novas. A mesada ou "semanada" são as melhores ferramentas para que as crianças entendam o que é dinheiro, qual é o seu valor, como poupar e como gastar. Para isso, separei algumas dicas sobre o assunto para os pais:

- Estipule um valor e explique aos seus filhos como administrá-lo, ou seja, para que e com o que eles gastarão aquele dinheiro. Oriente-os sobre a melhor forma de dividir a quantia que lhes for dada. Caso eles queiram algum brinquedo, roupa, tênis ou qualquer outra coisa que seja mais cara, ensine-os a gastar menos em um mês para que no outro consigam ter mais dinheiro para comprar aquilo que querem.

- Encoraje seus filhos a sonhar. Pergunte a eles o que querem ter em períodos diferentes, observando, é claro, a sua maturidade para entender o tempo certo para cada coisa.

- Ensine-os a relação de valor entre tempo versus dinheiro. Ou seja, eles precisam ter consciência de que é possível comprar o lanche na escola, mas, às vezes, será preciso abrir mão de algum passeio ou outra coisa para conseguirem comprar aquilo que desejam mais naquele momento.

- Dê a eles responsabilidade. Se você lhes entregou uma quantia para ser administrada em uma semana ou um mês, e seus filhos gastaram tudo, você, pai ou mãe, não pode arcar com as "dívidas" deles. Eles precisam entender que o dinheiro tem de ser dividido com mais sabedoria. É óbvio que tudo isso precisa ser comunicado com muito bom senso, calma e respeitando a idade e entendimento de seus filhos. Mas as crianças têm de aprender sobre limites em todos os aspectos, inclusive no financeiro.

Sem colocarmos de lado a maturidade e lembrando que idades são apenas referência, separei algumas dicas que podem ajudar em cada fase:

- 1 a 5 anos: Já podemos ensinar-lhes a apagar a luz quando não tiverem usando o ambiente e a acelerar o banho para não gastarem água, afinal isso também custa dinheiro.

- 6 a 10 anos: Introdução à semanada, dando o dinheiro do lanche da escola e do final de semana, para que elas não precisem pedir e passem a usar o dinheiro que estava com elas desde segunda-feira.

- A partir dos 10 anos: Nessa fase, podemos propor uma troca com a criança. Certa vez, eu estava palestrando quando uma pessoa me procurou ao final e contou algo muito interessante. Ele, o pai, combinou com o filho que a cada dia que este levasse o lixo para fora de casa antes do caminhão de lixo passar, daria R$ 1 para o menino, mas cada vez que o filho falhasse, ele descontaria R$ 2. Assim, o dinheiro que o menino conseguisse ao final de cada mês era dele para fazer o que "quisesse". Este é o exemplo perfeito e claro de como ensinar o valor do dinheiro para uma criança, afinal é imprescindível que desde cedo eles entendam que ganhar é difícil, apesar de gastar ser fácil. Já ouvi outros casos como controle de energia, lavar louças, lavar carro e tantas outras. Mas não se prenda. Cada um deve usar essas informações e dicas como um norte, e não como a única saída. Use sua criatividade de forma que estimule e incentive seus filhos.

1.14 IDENTIFICANDO OPORTUNIDADES DE FICAR RICO

É notável a dificuldade que muitos ainda têm de se relacionar com o dinheiro. Um dos primeiros passos para quem quer se tornar rico é reconhecer o papel do dinheiro como influenciador em nossa qualidade de vida. Mas, independentemente de qualquer coisa, a pergunta que fica é: por que algumas pessoas conseguem enriquecer e outras não?

Foi pensando nisso que pontuei algumas dicas que o ajudarão a melhorar suas finanças para aproveitar as oportunidades:

- Aproveite a alta das taxas de juros da economia brasileira. Para se tornar rico é necessário ir muito além da poupança. Existem fundos de [4]renda fixa com ótimas rentabilidades, além de opções como Tesouro Direto, por exemplo. Estude e busque outras formas de investimento.

- Faça o seu dinheiro render. Talvez essa seja a maior dificuldade da maioria das pessoas, já que muitos estacionam na poupança, que está entre os piores rendimentos no Brasil, se não o pior, atualmente. O segredo são os investimentos, porque são eles que farão o seu dinheiro render de verdade. Sem isso, você não ficará rico. Essa é a lógica.

- Tenha uma reserva de emergência. Ela não é um investimento, mas uma reserva para suprir necessidades imprevistas, como desemprego, doenças e por aí vai. Não use suas aplicações para situações emergenciais. Afinal, elas precisam de um certo tempo para render.

---

[4]Renda fixa é um tipo de investimento que possibilita prever a rentabilidade antes de realizar a operação, o que traz muito mais segurança e estabilidade

No mais, é importante estarmos sempre atentos às oportunidades, como ativos com preços mais acessíveis, os momentos apropriados para negociar a compra e venda de bens e investimentos atraentes na renda fixa, ainda mais se os juros estiverem em alta, por exemplo. São nesses instantes que temos de "preparar o terreno" para nos tornarmos ricos.

Entretanto, se você não estiver com as finanças alinhadas e em dia, não saber qual é o seu perfil como investidor e não tiver um planejamento financeiro adequado, ainda que a melhor das oportunidades aparecer, você não terá como aproveitá-la. Afinal, é como dizem: "a sorte é um encontro do preparo com a oportunidade".

PARTE 2
ARRUMANDO A CASA

2.1 ENTENDA A DIFERENÇA ENTRE PLANEJAMENTO FINANCEIRO E PLANO FINANCEIRO

Sim, existe diferença entre Planejamento Financeiro e Plano Financeiro. Um é destinado a desempenhos em longo prazo, investimentos, alocação de recursos e por aí vai, enquanto o outro nada mais é do que um mapa de onde você está e aonde quer chegar. Entretanto, independentemente da nomenclatura, é essencial entendermos e aplicarmos os dois, planejamento e plano.

Basicamente, um serve de base para o outro. Montamos um plano de onde queremos chegar e, através do planejamento, norteamos as nossas estratégias. Então, apesar de caminharem juntas, elas são diferentes. Enquanto um se preocupa com o micro, o outro foca no macro.

Para a realização de plano, é necessário responder: quanto terei de ganhar para adquirir um bem? Quanto preciso ter de dinheiro disponível para manter esse bem após a aquisição? Quanto este dinheiro precisa render para não me causar prejuízo? Quanto de lucro terei com esse investimento? Onde é melhor aplicar?

Já o planejamento é feito com base no que precisamos para obter essas respostas, ou seja, ele é o guia minucioso de como atingir o plano.

Nossa lista de sonhos, prioridades e projetos se encaixam no planejamento de curto, médio e longo prazos, mas, às vezes, crises, mudanças na economia como o aumento ou queda da taxa de juros (chamada Selic), inflação e questões tributárias podem interferir em nossos investimentos, nos prazos, e por aí vai. Por isso, precisamos acompanhar regularmente o nosso plano, adaptá-lo à nossa realidade e aos fatores externos que possam interferir no seu andamento, adequando-o às metas menores estabelecidas pelo planejamento. Através desse caminho, alcançaremos uma vida financeira saudável, equilibrada e progressiva. Nas finanças corporativas, isso é conhecido como Orçamento e *Rolling Forecast*, respectivamente. Ou seja, um é estático e se torna uma foto de nossas previsões, ao passo que o outro deve ser ajustado sempre que necessário para nos mostrar para onde estamos indo, e, se continuarmos fazendo as mesmas coisas, onde iremos chegar. Em finanças pessoais, podemos adotar esses mesmos padrões. Em outras palavras, estipulamos uma renda fixa mensal e fazemos o nosso planejamento anual tendo como base essa quantia. Caso aconteça alguma emergência, como um problema no carro, ou uma promoção em seu trabalho, o orçamento, que antes era estático, passa a precisar de atualização. Esse ajuste no orçamento é o que chamamos de *Rolling Forecast*. Tanto para o crescimento como a queda em seu orçamento, essa atualização precisa ser feita.

Tendo a tabela abaixo como referência de um orçamento, em que há uma previsão de gastos por itens, percebemos que nesse exemplo o "aluguel do apartamento" e os "medicamentos" aumentaram de preço. Ou seja, o previsto é o nosso orçamento, mas precisamos realizar o que de fato ocorreu, e se estes itens forem recorrentes, temos de atualizar o nosso orçamento, que, agora, passa a se chamar *Rolling Forecast*.

*

DATA	ITEM	PREVISTO	REALIZADO
12/JAN	ALUGUEL	R$ 600	R$ 800
13/JAN	ÁGUA	R$ 150	R$ 150
14/JAN	LUZ	R$ 170	R$ 170
15/JAN	CELULAR	R$ 250	R$ 250
16/JAN	SUPERMERCADO	R$ 450	R$ 450
17/JAN	MEDICAMENTOS	R$ 80	R$ 200
TOTAL		R$ 1.700	R$ 2.020

INFORMATIVO: "*" - Símbolo indicativo de que existe uma tabela para preenchimento manual ao final do livro

No mês passado, descobrimos que as despesas com aluguel e medicamentos aumentaram, por isso o orçamento ficou desatualizado. Precisamos atualizá-lo colocando os valores novos. Veja como isso se dá na prática:

DATA	ITEM	PREVISTO	REALIZADO
12/JAN	ALUGUEL	R$ 800	R$ 800
13/JAN	ÁGUA	R$ 150	R$ 150
14/JAN	LUZ	R$ 170	R$ 170
15/JAN	CELULAR	R$ 250	R$ 250
16/JAN	SUPERMERCADO	R$ 450	R$ 200
17/JAN	MEDICAMENTOS	R$ 200	R$ 200
TOTAL		R$ 2.020	R$ 2.020

Dessa maneira, já com a tabela atualizada, passamos a chamá-la de *Rolling Forecast*. Todavia, mais importante do que atualizar uma planilha é entender o que ela está nos dizendo. Perceba, ela está nos informando que mensalmente as despesas saltaram de R$ 1.700 para R$ 2.020, o que soma R$ 320 a mais no orçamento. Sendo assim, a partir de agora, analise as seguintes questões:

- Você tem esta quantia a mais? Ou seja, sua renda suporta este novo patamar de despesas?

- Se sim, a quantia que você estava poupando por mês não será mais a mesma. Por acaso, esta não seria uma oportunidade de rever outras despesas tentando compensar este acréscimo?

- Se não, é imprescindível reduzir outras despesas com urgência para não entrar em dívidas. Aproveite também para reduzir mais do que apenas os "R$ 320", para, caso aconteça outro aumento de despesas repentino, você não tenha de recorrer novamente ao corte de despesas. Nesses casos, é importante até se planejar para isso.

Porém, como tudo na vida, é preciso que comecemos do básico, organizando o planejamento das contas, acrescentando sonhos menores aos poucos e entendendo que tudo isso faz parte de um plano maior que, no futuro, poderá se transformar na compra de um bem, em uma viagem internacional, etc. Podemos sempre sonhar, e devemos sonhar alto, mas, sem o planejamento para que ele se torne realidade, é praticamente impossível que o sonho se realize.

A própria Bíblia nos ensina, no livro de Lucas, a importância de nos planejarmos e calcularmos o custo do que almejamos antes de nos comprometermos com a sua aquisição ou construção:

> Pois qual de vós, querendo edificar uma torre, não se assenta primeiro a fazer as contas dos gastos, para ver se tem com que acabar?
> Para que não aconteça que, depois de haver posto os alicerces, e não a

podendo acabar, todos os que a virem comecem a escarnecer dele, dizendo: Este homem começou a edificar e não pôde acabar. (Lucas 14:28-30)

Não foram poucos os casos que já me deparei de pessoas que compraram carros, por exemplo, e não sabiam que junto deles havia despesas, como IPVA, seguro, manutenções e até mesmo que o combustível era tão caro. Por isso, faça contas, tenha paciência, planeje-se, e, acima de tudo, siga o plano.

*

DATA	ITEM	PREVISTO	REALIZADO
12/JAN	PRESTAÇÃO DO CARRO	R$ 400	R$ 400
13/JAN	IPVA + SEGURO OBRIG.	R$ 150	R$ 150
14/JAN	SEGURO	R$ 170	R$ 170
15/JAN	COMBUSTÍVEL	R$ 250	R$ 250
16/JAN	ESTACIONAMENTOS	R$ 150	R$ 150
17/JAN	LAVAGENS	R$ 80	R$ 80
18/JAN	MECÂNICO	R$ 50	R$ 50
19/JAN	MULTAS	R$ 50	R$ 50
TOTAL		R$ 1.300	R$ 1.300

2.2 COMO FAZER O SEU PRIMEIRO ORÇAMENTO? POR ONDE COMEÇAR?

As opções para elaborarmos bons orçamentos são muitas, mas as três mais comuns são:

- Planilha
- Caderno (papel e lápis)
- Saquinhos de plásticos, envelopes ou *clips*.

A primeira, e certamente melhor, é a planilha, que, inclusive, disponibilizo gratuitamente para *download* em meu *site* www.diogoesuagrana.com.br, na aba *download*, localizada na barra superior logo que o *site* abre. Além de serem gratuitas, as planilhas são fáceis de atualizar, mostrando pontos básicos de um orçamento, como as entradas e saídas por grupos de despesas. Isso sem contar que elas nos trazem um panorama do nosso hoje e amanhã, o que acaba nos ajudando em nosso planejamento.

O caderno tem exatamente a mesma função da planilha, porém é uma opção mais atraente para aqueles que não têm tanta habilidade com o computador. Ele funciona muito bem, mas, ainda assim, exige o trabalho de reescrever mensalmente as mesmas coisas e realizar todos cálculos de forma manual.

Já os saquinhos plásticos, envelopes e *clips*, estratégias resultantes da minha experiência como consultor, são maneiras distintas que direcionam para o mesmo fim. Normalmente, esses métodos são usados por pessoas mais velhas, com pouco acesso à tecnologia, e que preferem administrar suas economias de perto. Nesses casos, a renda é dividida em saquinhos plásticos, envelopes ou *clips* com a identificação de cada despesa, por exemplo, supermercado, aluguel, energia, água, poupança, farmácia e assim por diante. No início do mês, assim que estiver em mãos, o salário é repartido entre as contas fixas a serem quitadas e as variáveis que surgirão ao longo daquele mês. Vale ressaltar também que o dinheiro para a poupança precisa ser separado logo no começo do mês. Essas táticas manuais, assim como os outros, têm boa aceitação e funcionamento, porém limitam a visualização e planejamento do futuro.

Seja qual for o método a escolher, certifique-se de que o seu orçamento está organizado de maneira que você consiga entendê-lo e administrá-lo da melhor forma possível. Contudo, não caia no engano de pensar que, apenas porque suas finanças parecem mais complexas do que as estratégias acima, você precisa de um sistema complicado para gerenciá-la. É claro que se você já usa uma planilha, o melhor a fazer é continuar com ela, ainda mais se já estiver habituado. Porém, quanto mais dificuldades conseguirmos eliminar nesse processo, melhor. Certa vez, enquanto dava uma assessoria para um consultor de finanças corporativas, deparei-me com sua planilha pessoal e confesso que me assustei com tamanha complexidade. Ela continha estatísticas até mesmo com os horários e dias da semana em que ele mais gastava dinheiro, e, quando lhe questionei a respeito da razão e necessidade de tudo aquilo, ele não soube responder. Com toda a complexidade da planilha, ele não sabia quais eram as respostas necessárias que ela deveria lhe dar, e pior, nenhuma delas lhe esclarecia a seguinte questão: Quanto você gasta a mais em relação àquilo que ganha e, em quanto tempo você terá ganhado, gastado e poupado? Simples e básica é como a planilha precisa ser.

Outro fator positivo sobre planilhas simples é que elas não dão preguiça para atualizar e acompanhar os gastos. Pela minha experiência, quanto mais simples ela for, maior a chance de fazermos o acompanhamento devido. Afirmo isso também porque faz cerca de 12 anos que comecei a usar a minha planilha, a mesma que disponibilizo em meu *site* gratuitamente, e, com o passar dos anos, fiz diversas atualizações para deixá-la mais simples e completa. Acredito que ela tem tudo o que precisamos para um bom orçamento junto com o planejamento.

Diante disso, é importante mencionarmos como uma distribuição de renda saudável tende a se comportar. Em um cenário ideal, todos nós deveríamos poupar grana para cada uma das especificações abaixo. Ainda que você não consiga guardar a mesma porcentagem sugerida para cada uma delas, você precisa começar a pensar em seus gastos e prevê-los da maneira melhor. Vale ressaltar que essa distribuição pressupõe um contexto sem dívidas. Caso você as tenha, é necessário se organizar para usar os outros 50% para quitar as dívidas ou, no mínimo, 40%, afinal você precisa de dinheiro para descansar e se divertir também. Observe algumas sugestões para administrar melhor o seu dinheiro:

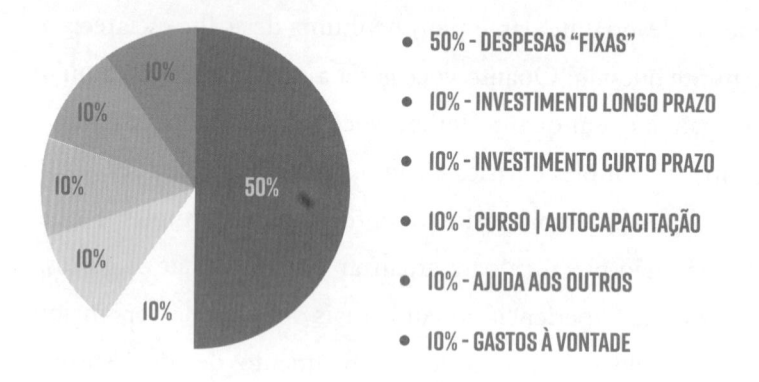

- 50% - DESPESAS "FIXAS"
- 10% - INVESTIMENTO LONGO PRAZO
- 10% - INVESTIMENTO CURTO PRAZO
- 10% - CURSO | AUTOCAPACITAÇÃO
- 10% - AJUDA AOS OUTROS
- 10% - GASTOS À VONTADE

2.3 A IMPORTÂNCIA DE ACOMPANHAR O SEU ORÇAMENTO: PREVISTOS VERSUS REALIZADOS

Que o planejamento financeiro é fundamental, isso já sabemos. Entretanto, não basta apenas criá-lo se não entendermos a importância de acompanhar cada movimentação no detalhe. O problema é que muitas pessoas encaram essa supervisão de seus orçamentos simplesmente como um ato mecânico de tomar nota do que entra e sai, e, com isso, acabam anotando só por anotar. Quando isso acontece, o orçamento se torna quase como um "lançamento de despesas" que precisa ser atualizado apenas para dar satisfação a alguém.

Sem uma revisão constante de onde podemos estar gastando mais do que poderíamos ou deveríamos, a organização e planejamento são comprometidos.

Planejar nada mais é do que uma forma de "prever o futuro". Dessa maneira, depois de termos planejado, nada mais justo do que conferirmos se atingimos ou não os nossos objetivos, onde erramos e onde acertamos. Precisamos ter em mente que o simples fato de compararmos os previstos e realizados do mês pode nos dar informações necessárias para compreendermos o real comportamento de nossas finanças e, a partir disso, buscarmos formas de melhorar esses resultados. Além disso, quando somos proativos e frequentes nesse processo, somos capazes de antecipar possíveis erros ou rupturas em nossos planos iniciais, e, quem sabe, trabalhar e nos esforçarmos para talvez mudar essa realidade, por exemplo, percebermos que gastamos mais do que pensávamos e, por isso, não conseguiremos mais fazer aquela viagem dos sonhos.

Essa comparação facilita e nos permite perceber também no que podemos poupar um pouco mais e onde precisamos reduzir gastos para ter mais dinheiro sobrando e investir melhor. Isso sem contar que a comparação de previstos e realizados nos traz um panorama geral e auxilia a projetar o nosso ano inteiro, nos mostrando quantos reais precisaremos em cada mês e o quanto de "gordurinha" teremos e podemos separar para imprevistos.

Por exemplo:

DATA	ITEM	PREVISTO	REALIZADO
12/DEZ	MANICURE	R$ 100	R$ 50
13/DEZ	COSMÉTICOS	R$ 90	R$ 130
14/DEZ	CABELEIREIRO	R$ 50	R$ 50
15/DEZ	VESTUÁRIO	R$ 80	R$ 170
16/DEZ	ACADEMIA	R$ 69	R$ 69
TOTAL		R$ 389	R$ 469

Se você precisa economizar R$ 1 mil para fazer uma viagem de feriado para o interior do seu estado, é importante cumprir o realizado que já estava previsto. No exemplo acima, o previsto era gastar R$ 389, porém a quantia desembolsada foi R$ 469, ou seja, R$ 80 a mais do que o previsto. Isso quer dizer que são R$ 80 a menos para a sua viagem. Esse valor pode não parecer grande coisa, mas afeta diretamente no cumprimento desse sonho ou desejo. É essencial termos em mente que se tivermos a disciplina para economizar nos pequenos detalhes, sem dúvida estaremos mais próximos dos nossos sonhos. Por outro lado, a cada meta que não cumprimos, estamos mais distantes deles.

Mas e o picolé, precisamos anotar? Sim e não. É importante registrarmos toda saída de dinheiro, o que não quer dizer que seja necessário que tenhamos por escrito a quantia que foi destinada para o picolé e a que foi para os chicletes, por exemplo. A minha recomendação, caso pague com o cartão de crédito, é guardar a notinha (vale acompanhar por SMS também), e se pagar em dinheiro, anotar o quanto sacou e usou para um fim em comum, em vez do produto em si, por exemplo, lançar uma despesa denominada padaria, e não apenas chicletes ou picolé. O principal, nesses casos, é saber se temos ou não gestão sobre o gasto, ou seja, se o gasto é para lazer ou para sobrevivência. Assim, conseguiremos gerir melhor.

 Além do mais, esses cálculos podem nos auxiliar também nas tomadas de decisões. É fundamental que conheçamos muito bem a nossa movimentação financeira a fim de aumentarmos o nosso patrimônio e termos noção se realmente teremos recursos para investir em imprevistos inadiáveis, por exemplo. Seja para situações cotidianas ou urgentes, precisamos estar conscientes de todos os nossos gastos atuais e futuros, e é justamente por esse motivo que não basta simplesmente anotar e pronto. Nós temos de ser os maiores conhecedores sobre as nossas finanças.

 Alguns aplicativos de celular também são ótimos para nos ajudar a controlar o nosso orçamento, porém não podemos perder de vista a pergunta que precisa ser respondida: quanto eu terei recebido, gasto e poupado em determinado tempo? É imprescindível que consigamos ter um cenário de dezembro, mesmo que ainda estejamos em janeiro. Certifique-se de que o aplicativo poderá lhe proporcionar essa resposta, que, certamente, a planilha nos dá.

Dentro disso, não se esqueça de que, apesar de os fluxos de contas a pagar e a receber serem mensais, a nossa vida é muito mais do que isso. Nunca encare o seu planejamento como se ele fosse composto de um único mês; quanto mais tempo você conseguir visualizar e planejar, maior será o seu êxito no controle e retorno financeiro.

2.4 TEM ALGUMA COISA ERRADA COM O MEU PLANEJAMENTO FINANCEIRO!

Já comentei, mas é preciso reforçar que, apesar de aparentar complexidade, o planejamento é algo simples e que deve ser feito por todos, e não somente por empresas.

Planejamento é a organização de um conjunto de ações que antecipam e nos preparam para uma compra, trabalho, tarefa ou quaisquer aspectos que envolvam a nossa vida, ou seja, se vamos comprar uma casa, por exemplo, nos planejarmos significa saber quais são as despesas que aquele imóvel nos trará, além do preço a ser pago por ele, e se teremos condição de arcar com todas as despesas antes de comprá-lo.

Por outro lado, é bem verdade também que muitas pessoas tentam se organizar financeiramente, mas parece que a "coisa não anda". Obviamente, cada caso é um caso, mas ouso dizer que a maioria das pessoas acaba autossabotando o seu sucesso financeiro por não cultivarem uma vida de disciplina, organização e determinação para alcançar resultados. Isso porque muitos não estão dispostos a pagar esse preço. Porém, não existe uma fórmula mágica, ou nos organizamos ou, na melhor das hipóteses, a nossa situação continuará a mesma.

Nesse contexto, vale lembrar também que para alcançarmos grandes resultados é necessário valorizar os pequenos começos. Por isso, não despreze o início de um planejamento ou organização de um orçamento pessoal, pois é justamente a fidelidade de se manter constante no princípio que lhe dará ferramentas e habilitará para administrar os grandes montantes que chegarem futuramente. Ninguém se torna *expert* sem antes ter sido iniciante.

Entretanto, da mesma forma que a regularidade e constância podem trazer novos resultados para os que se posicionam, a passividade e negligência também podem surtir o efeito contrário naqueles que têm problemas para se organizar e poupar. Em outras palavras, estes, recebendo um salário mínimo ou uma soma considerável de dinheiro, acabarão, de uma forma ou de outra, perdendo essa quantia. No caso de pessoas que não têm uma renda fixa, que cada mês ganham um valor, isso pode ser ainda mais fatal se não houver planejamento, organização e disciplina. Em razão disso, o meu conselho, principalmente para esses casos, é a organização do orçamento utilizando a média da renda recebida nos últimos três meses.

Acompanhe a tabela:

MÊS	ITEM
JANEIRO	R$ 3 MIL
FEVEREIRO	R$ 2 MIL
MARÇO	R$ 4 MIL
MÉDIA	R$ 3 MIL

A média nada mais é do que a soma do salário dos últimos três meses, dividido pela quantidade de meses. Nesse caso, é só somar os três últimos salários, e dividir por três. A média do salário, no exemplo, foi de R$ 3 mil por mês nos últimos três meses.

Porém, tenha cuidado com os efeitos sazonais que o seu negócio ou vida podem ter, e adapte o seu planejamento para isso. E se já o faz, é importante dar atenção aos detalhes para não acabar "nadando, nadando e nadando, e morrendo na praia". Isso significa que se o final do mês chegou e você não conseguiu quitar suas dívidas, e muito menos poupar grana, alguma coisa está errada.

Anote todas as entradas e despesas, e não despreze pequenos valores. Você perceberá que coisas pequenas, no montante final, somam um valor enorme em nosso planejamento, e, muitas vezes, passam batido. Porém, um pequeno valor, repetido inúmeras vezes, resulta em um alto valor. Em minhas consultorias, percebi essa realidade na prática. Não sou capaz de contar quantas famílias ajudei a sair do vermelho apenas por rever pequenos valores de contas, como telefone fixo, celular, televisão a cabo, *internet*, ou sugerindo estratégias para otimizar compras de supermercado. Muitas vezes é a grande quantidade de contas baratas que estouram o nosso orçamento.

Veja:

*

DATA	ITEM	PREVISTO	REALIZADO
11/OUT	MERCADO	R$ 550	R$ 1 MIL
12/OUT	RESTAURANTES	R$ 400	R$ 700
13/OUT	CONTA DE ENERGIA	R$ 115	R$ 115
14/OUT	CONTA DE ÁGUA	R$ 110	R$ 110
15/OUT	CONTA DE GÁS	R$ 90	R$ 90
16/OUT	TELEFONE FIXO	R$ 50	R$ 50
17/OUT	CELULARES	R$ 150	R$ 230
18/OUT	INTERNET	R$ 100	R$ 100
19/OUT	TV POR ASSINATURA	R$ 140	R$ 140
TOTAL		R$ 1.705	R$ 2.535

Uma sugestão é negociar, pelo menos uma vez por ano, os planos e condições de cada conta fixa com a empresa que nos oferece um serviço. Antes de ligar para iniciar a negociação, lembre-se de entrar na *internet* e descobrir quanto a operadora está cobrando pelo seu plano para um novo cliente. Se o preço para ele for menor que o seu, esse desconto já está ganho. Além disso, você sempre pode ficar de olho no preço do seu plano em outras operadoras, e, quando lhe interessar, pode ligar e tentar bons descontos. E, antes que você fique com preguiça de gastar 30 minutos do seu dia em um telefonema chato, faça a conta de quanto você ganha por uma hora trabalhada. Posso garantir que o desconto que uma ligação lhe trará por 12 meses será muito recompensador, às vezes, até mais do que você recebe.

    Outro erro em nosso planejamento financeiro é nos planejarmos com o que ganhamos, e não com o que pretendemos gastar. Essa pode ser a sua falha. Você até queria poupar uma parte do seu salário, mas não sobra nada. Uma solução é tentar reservar uma parte do dinheiro antes do início do mês; quem sabe até tratá-la como uma despesa mensal que deve ser honrada. Essa pode ser uma forma de conseguir evitar gastos supérfluos. Com o dinheiro separado, quite as suas dívidas e administre o que sobrar. Mas não se esqueça: você precisa estabelecer metas menores a princípio, para que, com os resultados, se sinta motivado a continuar poupando e, dessa forma, estabelecer metas maiores no futuro. Do contrário, você poderá acabar gastando esse dinheiro com outra coisa.

Sendo assim, anote os seus sonhos e o quanto eles custam. Se você ganha R$ 2 mil por mês não pode achar que tem esse valor disponível para gastar. É muito mais coerente definir um valor, como R$ 400, por exemplo, para que essa quantia seja uma meta de despesa para o mês.

Uma dica que pode ser vital nesse processo também, principalmente para os que ainda não aprenderam a usar o cartão de crédito, é: seja radical e elimine-o da sua vida. Quando temos um cartão, mas não temos disciplina para usá-lo, acabamos parcelando uma série de contas, achando que o valor mensal dividido na fatura caberá dentro de nosso orçamento. Dessa forma, no final das contas, além de comprarmos o que não precisamos, acabamos nos endividando. Portanto, não use cartões como desculpa para pequenos deslizes. Isso reflete diretamente no seu sucesso financeiro mensal. Aprenda a viver com o que você tem hoje.

Por último, alguns erros no planejamento financeiro acabam acontecendo por dúvidas a respeito de como lançar as despesas gastas em dinheiro e no cartão de crédito. Em nosso controle orçamentário, chamamos essa seção de Regime de Caixa, ou seja, nós anotamos as despesas no mês em que o dinheiro foi recebido. Da mesma forma no cartão de crédito, lançamos a despesa no mês relativo à data do dinheiro que receberemos para pagar a sua fatura. Isso quer dizer que se a sua fatura vence dia 5 de outubro, você deve lançar as despesas no mês de outubro, ainda que as tenha gastado no mês de setembro.

Acompanhe o exemplo na tabela abaixo. Apesar de eu ter pago essas despesas durante o mês de setembro, como elas foram compradas com o cartão de crédito, e a fatura do cartão será paga apenas em outubro, eu lanço as despesas na planilha de outubro, mês que sairá o dinheiro da minha conta para pagar o cartão.

MÊS DE OUTUBRO			
DATA	ITEM	PREVISTO	REALIZADO
10/SET	CONDOMÍNIO	R$ 600	R$ 1 MIL
12/SET	PLANO DE SAÚDE	R$ 350	R$ 700
14/SET	ACADEMIA	R$ 69	R$ 115
16/SET	ESTACIONAMENTO	R$ 120	R$ 110
18/SET	SALÃO DE BELEZA	R$ 45	R$ 90
20/SET	FACULDADE	R$ 680	R$ 50
TOTAL		R$ 1.864	R$ 2.065

Se você ainda não entendeu, vale uma última tentativa:

- Anote sua renda líquida se receber um salário fixo, e a renda dos últimos três meses se for Pessoa Jurídica (PJ) ou receber por comissão.

- Anote suas despesas. Aqui, é importante lembrar que todos os meses são iguais, ou seja, tem os mesmos gastos. Então, se é a sua primeira vez fazendo um planejamento, a sugestão é começar com apenas três meses, colocando no papel o mês inicial e replicando o mesmo conteúdo por mais dois meses. Assim, neste período, você descobrirá contas que não lembrava e chegará à conclusão dos gastos que é capaz de reduzir de um lado e de outro. Passados os três meses, a partir dali, você estará muito mais apto para realizar o planejamento completo do seu ano, já que terá a ideia correta dos seus ganhos, despesas, e o que funciona ou não para você no desenvolvimento de sua planilha.

- Faça uma planilha anual. Assim que tiver passado pela experiência dos três meses, copie e cole os resultados do último mês, já que eles provavelmente serão os mais certeiros para o resto do ano. Não se esqueça de anotar também as despesas extras de alguns meses, por exemplo, no início do ano, que é quando temos de pagar IPVA, IPTU, material escolar para as crianças, ou em novembro, quando precisamos renovar a matrícula da escola dos filhos. Fora isso, e algumas eventualidades, como problemas de saúde, danos no carro e outros, as despesas se repetem mensalmente. Entretanto, mesmo esses imprevistos podemos controlar no planejamento financeiro. É por isso que nunca podemos gastar tudo o que ganhamos. Basta nos planejarmos. Se a eventualidade não acontecer, você poderá aplicar esta quantia e ela renderá ainda mais. Caso ela aconteça, você não se endividará em razão disso.

Portanto, preste atenção nos erros que talvez estejam minando o avanço de seu planejamento. Leve-o a sério. Seja criterioso, atento. Não deixe passar nenhum detalhe. Refaça o que precisar ser refeito e não desista, lembre-se que o seu tempo não é o agora, o hoje; você precisa aprender a ver as coisas em médio e longo prazos. Porém, saiba, ainda que dê trabalho e exija um comprometimento, você colherá os frutos de sua organização e disciplina. Isso, eu garanto.

2.5 COMO TER UM ORÇAMENTO EQUILIBRADO?

Para tudo na vida é necessário equilíbrio, e, quando o assunto é dinheiro, além disso, é preciso de altas doses de sobriedade em cada decisão que tomamos em relação à nossa vida financeira. Por esse motivo, enumerei alguns passos práticos que podem ajudar nessa estabilidade e moderação:

- Planeje os seus gastos para conhecer os seus limites de consumo. Se você não anotar tudo o que ganha e tudo o que gasta, não terá como saber se pode gastar mais ou mesmo se terá dinheiro para uma eventualidade.

- Controle os seus impulsos de consumo. Não saia comprando tudo que lhe der vontade. Coloque na planilha e veja se cabe em seu orçamento. Isso vale também para contas fixas, como ir ao supermercado, por exemplo. Faça uma lista e se atenha a ela. Abaixo, um exemplo de como uma lista de supermercado pode ser feita:

	ITEM	MARCA	PREÇO 1	PREÇO 2	PREÇO 3	MELHOR PREÇO
PROD. LIMPEZA	DETERGENTE					
	DETERGENTE					
ALIMENTAÇÃO	PÃO					
	FARINHA					
CARNES E FRIOS	SALAME					
	FRANGO					

- Não tenha um padrão de vida maior do que as suas posses. Aprenda a dizer não para amigos que lhe chamam para sair sempre em lugares sofisticados, por exemplo, e não queira viver a vida deles. Construa aos poucos, viva de acordo com a sua realidade atual e valorize o que você já tem. Muitas pessoas sonham em ter a vida dos outros, olham demais para a grama do vizinho, e isso, além de não fazer bem, pode levar a pessoa para um lugar pior do que já está, uma vez que, como diz o ditado: "galinha que anda com pato morre afogada".

- Não pague juros maiores do que os que recebe em seus investimentos. Algumas pessoas mantêm dinheiro aplicado em renda fixa, mas estão endividadas. Não faça isso. Dinheiro investido em renda fixa só é bom quando não se tem dívidas. E tome cuidado com a expectativa de valorização de seus bens como um segundo imóvel ou um terreno. Já conheci pessoas que deviam menos da metade do valor de um bem, mas os juros da dívida ultrapassaram o valor do imóvel mais rápido do que a valorização do próprio imóvel.

- Poupe para garantir aquisições futuras. O pagamento à vista, geralmente, sempre será a melhor opção, ainda mais hoje em dia, que podemos usá-lo para negociar mais descontos. Pense comigo: se uma loja afirma não cobrar juros por parcelar a compra de um produto, mas dá desconto para o pagamento à vista, o que fica subentendido é que, na verdade, a compra parcelada terá juros sim. Faça o teste. Quando for comprar algo, pergunte para o vendedor se ao pagar à vista você terá desconto. Se ele for concedido, tenha a certeza de que aquela porcentagem de desconto que você recebeu no pagamento à vista seria a porcentagem de juros que pagaria na quantia parcelada.

- Jamais despreze a inflação. A inflação é o aumento de preços nos produtos e serviços, que acontece constantemente e de maneira progressiva. A quantia de dinheiro que guardamos durante um ano inteiro debaixo do colchão, por exemplo, não vale o mesmo que há um ano, porque o valor do dinheiro diminui com o tempo. Da mesma forma, uma senhora que ganha de aposentadoria R$ 2 mil mensais e separa R$ 500 para o supermercado perceberá que a mesma compra daqui a seis meses estará R$ 550 e, assim, sucessivamente. Ou seja, ela precisará adaptar o seu orçamento e diminuir outras despesas para compensar esse aumento. É interessante comentar que, em certas épocas, nem o dinheiro aplicado na poupança consegue compensar o peso da inflação. Por isso, aplique o seu dinheiro em um investimento que pague, pelo menos, a correção da inflação.

- Resista à tentação de gastar as economias. Ela garantirá a nossa velhice. Logicamente, existe um equilíbrio. Porém, é importante mantermos em mente que, em geral, quando ficamos mais velhos, apesar de não gastarmos tanto dinheiro com viagens e passeios, investimos muito em cuidados com a nossa saúde, por exemplo. Vale lembrar também que quanto mais velhos ficarmos, menor será a nossa força de trabalho, mais um motivo para corrermos atrás dos investimentos e colocarmos o dinheiro para trabalhar para nós.

- Informe-se bem antes de investir. Não aplique o seu dinheiro em qualquer negócio ou investimento, e tome cuidado com as ofertas de altíssimos rendimentos. Não existe milagre quando se trata de dinheiro. Se o negócio pode lhe dar muito retorno financeiro, considere que você correrá um risco proporcional de perder todo o seu dinheiro.

- Jamais despreze os pequenos valores. Estacionamentos, lanches, compras pequenas, táxis de última hora e muitas situações corriqueiras e, aparentemente, urgentes, podem lhe colocar em dívida sem que você perceba.

- Jamais menospreze uma boa negociação de preços. Peça descontos. Não aceite o valor proposto por um produto na hora. Negocie sempre. Por isso é tão importante ter o dinheiro em mãos e o conhecimento sobre a política de cada estabelecimento de compra, se ele pode ou não dar desconto e até quanto é possível negociar.

2.6 ORÇAMENTO BASE ZERO - OBZ

Quando uma empresa precisa reduzir custos, em vez de usar o orçamento do ano anterior como base, ela começa do zero. Sim, do zero. A ideia é eliminar os vícios do orçamento anterior e estabelecer novas prioridades para começar o ano focando no que realmente é necessário.

E se aplicássemos essa estratégia em nossa vida financeira pessoal? Durante os meses, acabamos replicando os gastos do mês anterior para termos uma noção dos previstos, e isso é maravilhoso. Mas o melhor é que a partir do Orçamento Base Zero podemos nos organizar para começar um novo ano (e não precisamos esperar este ano acabar para fazer isso), estabelecendo um novo planejamento que começa do zero.

Para clarear um pouco mais, separei alguns passos práticos na hora de realizarmos esse tipo de orçamento:

ETAPA I - DÊ UM CHOQUE EM SEUS GASTOS

A primeira coisa que precisamos fazer para tentar otimizar os gastos é passar um pente fino nos boletos e cartões de crédito, e avaliar, dentro de suas despesas atuais, o que tem passado dos limites e onde é possível reduzir alguma coisa. A proposta do OBZ é nos levar até essas avaliações, porém de forma bem mais minuciosa. Por exemplo, será que você precisa de TV a cabo? Você realmente precisa ter um carro? Se sim, há necessidade de andar com ele todos os dias? Será que o seu estilo de vida não o tem levado a gastos equivocados?

Dessa forma, em vez de replicarmos as despesas e gastos do ano ou período anterior, começamos um planejamento do zero, como se considerássemos não ter grana para pagar aluguel, escola para as crianças, seguro do carro, restaurantes aos finais de semana, TV a cabo e por aí vai. Nessa situação, é como se fôssemos obrigados a questionar cada despesa, priorizando o que é mais importante dentro de nosso contexto de vida naquele momento.

Esse processo, com toda a certeza, é mais trabalhoso; por outro lado, além de gerar mais economia, produz algo ainda mais valioso: mudança de mentalidade. Quando optamos por um orçamento assim, nos vemos obrigados a sair da inércia de irmos vivendo de acordo com o que "sempre fizemos" e começamos a ter de reajustar o nosso orçamento, o que é um ganho duplo se pararmos para pensar.

ETAPA 2 – PONTO DE PARTIDA

Para começar, devemos nos questionar o que é essencial para a nossa sobrevivência e de todas as pessoas que moram conosco. Por exemplo, suponhamos que em sua casa vocês tenham mais de um carro, dois, para ser mais exato. Será que vale a pena mesmo manter ambos? Em sua rotina, não teria algum trajeto que poderia ser feito utilizando transporte público ou aplicativos de transporte privado? Se a região onde você mora tem transporte público acessível, por que não se utilizar disso para trabalhar? Nessas condições, será que vale a pena deixar o veículo parado na garagem? Um carro envolve muitos gastos extras, e o dinheiro colocado nele é uma quantia que não rende nada. Coloque na ponta do lápis e certifique-se se vale a pena manter dois ou até mesmo um carro, em vez de usar outros meios de transporte.

Outro exemplo pode ser a sua moradia. Obviamente, mudar de casa ou apartamento não é tão simples. Mas consideremos uma hipótese de que atualmente você pague R$ 1.500 de aluguel. Por acaso, já procurou saber se conseguiria um apartamento igual por um preço menor? Ou um apartamento com um condomínio mais barato, que o ajudaria a economizar para reinvestir em uma academia ou lazer?

Esqueça o padrão anterior e estabeleça algo novo para começar uma fase diferente. Defina os objetivos para curto, médio e longo prazos. Liste todas as suas despesas para alcançá-los e viver daqui para frente. Além disso, classifique os gastos em: fundamentais e não tão importantes. Pegue a lista de despesas e distribua cada item em uma das colunas. Após esse processo, identifique os excessos. Certamente você perceberá que algumas coisas não cabem em nenhuma das duas colunas. Corte, sem dó, esses itens do seu novo orçamento. Isso lhe recompensará mais adiante.

ETAPA 3 – QUESTIONE, PRIORIZE E ACOMPANHE

Esse é o momento de revisão final da sua lista. Por isso:

- Questione despesa por despesa. Essa sabatina é a mais importante em todo o processo. Converse com seus familiares e entrem em acordo, mas reduza todos os gastos que não são essenciais.

- Crie uma "torre" de prioridade. Se possível, realmente desenhe-a para deixar visível em sua casa. Comece com os itens mais importantes na base e deixe o topo para os menos importantes. Ao lado da primeira torre, faça uma nova com os valores de cada item até que você alcance o valor total do que tem disponível para gastar. Os itens que, mesmo na torre, não se encaixarem em seu atual orçamento, corte.

- Acompanhe os seus gastos. A nova vida estabelecida precisa ser acompanhada com rigor. Anote diariamente os seus gastos até que consiga se restabelecer e entrar no novo ritmo. Com o tempo, o seu OBZ se tornará rotina.

TORRE DE DESPESAS

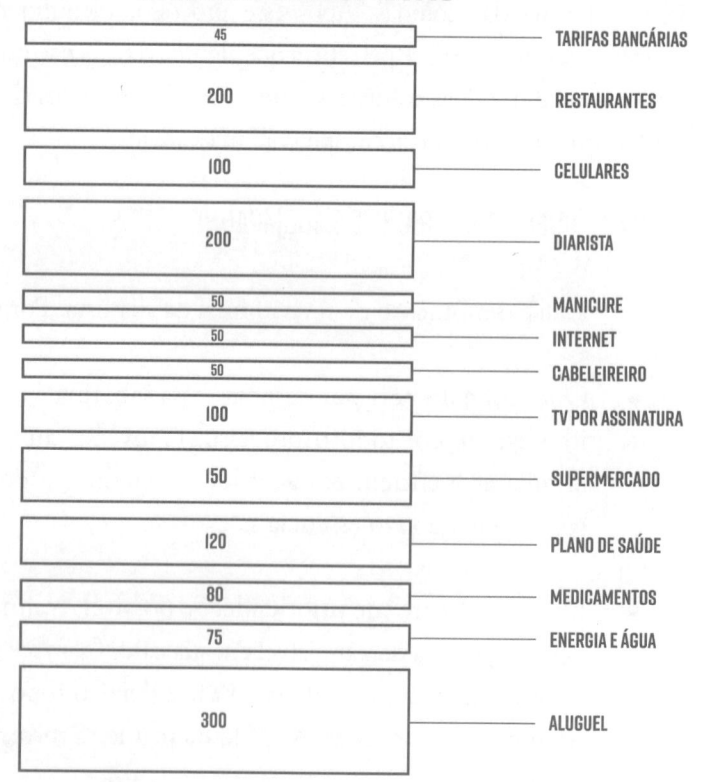

45	TARIFAS BANCÁRIAS
200	RESTAURANTES
100	CELULARES
200	DIARISTA
50	MANICURE
50	INTERNET
50	CABELEIREIRO
100	TV POR ASSINATURA
150	SUPERMERCADO
120	PLANO DE SAÚDE
80	MEDICAMENTOS
75	ENERGIA E ÁGUA
300	ALUGUEL

2.7 DECIDA QUITAR AS SUAS DÍVIDAS!

Conversar a respeito de dívidas nunca é fácil, mas uma hora ou outra precisa acontecer, então, que seja o quanto antes para que nos livremos delas logo. O passo número um para quitarmos as nossas dívidas, por mais óbvio que pareça, é decidirmos resolver a nossa vida financeira. Enquanto procrastinamos ou ignoramos a sua existência, perdemos tempo de nos desvencilharmos delas mais rápido, e dinheiro também, já que os juros que as acompanham não são nem um pouco gentis. Não fique protelando, esperando o dinheiro cair do céu, porque isso não acontecerá. Comece hoje a mudar os seus hábitos financeiros. Coloque na planilha tudo o que você deve, tudo o que ganha e o que gasta, e decida reduzir suas despesas a fim de conseguir, nem que seja aos poucos, ir quitando tudo. Não caia no papo de que em cinco anos a dívida prescreverá, e que quando ganhar mais, pagará o que deve. NÃO! Decida quitar o que está devendo e comece a viver uma nova fase financeira. Posso garantir que será a melhor escolha.

2.8 O QUE DEIXAR DE PAGAR?

Se você realmente tiver de escolher entre uma coisa e outra, corte tudo o que é supérfluo. Esses gastos desnecessários variam de pessoa para pessoa e precisam ser detectados individualmente, afinal, nem sempre o que é prioridade para um, é para o outro. Para muitos, o telefone fixo em casa ainda é necessário, enquanto para outros, não. Com o crescimento de aplicativos de carros compartilhados e privados, diversas pessoas têm abandonado o sonho de ter o próprio carro, o que não quer dizer que essa seja a realidade de todos os brasileiros. Algumas vezes até mesmo alimentação e supermercado podem ser despesas supérfluas se não soubermos os melhores lugares para comprar e as marcas com o custo benefício mais alto. E para isso não é necessário comer menos. Há várias maneiras de se gastar menos com alimentação sem precisar reduzir a quantidade de alimentos no carrinho.

Além do corte do que não tem necessidade no momento, o ideal é quitar tudo aquilo que possa resultar em juros em nossas contas. Assim, teremos mais facilidade de elencar aquilo que é sobrevivência e o que é conveniência, ou supérfluo, sem contar com a diminuição ou erradicação dos juros em nosso orçamento, o que já elimina uma lista infinita de problemas em médio e longo prazos, e projeta um novo ciclo vitorioso em nossa vida financeira.

2.9 COMPROU MAIS DO QUE CABIA NO SEU BOLSO E PRECISA DE UM EMPRÉSTIMO? ESSA É MESMO A MELHOR OPÇÃO?

Contrair um empréstimo bancário pode, muitas vezes, se transformar em uma grande bola de neve de dívidas se não tomarmos os cuidados necessários. Por outro lado, essa pode ser uma boa opção quando o salário é insuficiente para cobrir as despesas mensais, e as dívidas do crédito rotativo (cheque especial ou cartão de crédito) vão se acumulando diante dos juros altos. Entretanto, a decisão de assumir um novo empréstimo para o pagamento de uma dívida anterior deve sempre ser precedida por uma avaliação. É preciso ter cuidado para que o devedor não acabe apenas postergando um problema de descontrole financeiro, por meio de um processo de substituição de dívidas velhas por novas. O melhor é sempre ficar longe de dívidas, mas isso nem sempre é possível imediatamente. Muitas pessoas não resistem às tentações do crédito fácil, ou são levadas a uma situação de endividamento por outros motivos, como doenças, acidentes, desemprego ou mesmo pelo simples descontrole do orçamento. Então, o jeito é usar a inteligência e preparar uma estratégia para se livrar do endividamento.

Antes de tomar qualquer decisão, a recomendação é de que você conheça a fundo a sua situação financeira, e, em especial, entenda o que o levou à situação de assumir despesas acima de sua capacidade de pagamento.

Se realmente o empréstimo não puder ser evitado, existem algumas dicas que talvez possam ajudá-lo nesse processo de quitação.

A primeira é se livrar das dívidas pequenas, aquelas que com um pequeno esforço é possível liquidar. Alguns têm tantas dívidas diferentes, cada uma em um banco, que se sentem impotentes e pensam que nunca poderão quitar todas elas. Esse sentimento, por vezes, acaba se tornando mais forte com as incessantes ligações e cartas relembrando as altas quantias e juros, mas não se deixe levar. Escolhendo liquidar as de menor valor, diminuímos a quantidade de credores e podemos focar nossa atenção nos problemas mais complicados. Outro ponto positivo de eliminarmos pequenas dívidas é o efeito psicológico que isso gera em nós. Se temos cinco dívidas, por exemplo, três delas pequenas, e conseguimos quitá-las, sobram apenas duas, o que é mais da metade delas já resolvida. E isso, quer percebamos ou não, torna-se uma força e incentivo para pagarmos as que faltam.

A segunda dica é priorizar as prestações de contas vencidas, pois elas têm juros, multas punitivas e podem resultar em prejuízos no seu nome, se é que a essa altura ele já não esteja sujo. Nesse caso, vale a pena negociar. Entre em contato com o credor (às vezes, compensa ser reativo também, deixando com que ele faça o primeiro contato), exponha a sua situação financeira, o quanto pode pagar, e sugira alternativas que mostrem que você está disposto a quitar a dívida. Entretanto, não esqueça de avaliar se a nova prestação, de fato, cabe no seu bolso, já que não adianta fazer um acordo, pagar uma ou duas parcelas, e voltar à estaca zero, de inadimplente.

Em seguida, é hora de eliminar as dívidas com juros mais altos. Porém, tome cuidado: as dívidas mais caras nem sempre são as que têm maior valor, e sim aquelas cujas taxas de juros são as mais elevadas. Isso porque com os juros compostos, as dívidas que já têm taxas altas se tornam ainda maiores. Dessa forma, o endividado paga uma parte do que deve, mas o saldo da dívida continua crescendo e parece que nunca terá fim. Em situações assim, a possibilidade de negociação ainda é válida. Quem possui dívidas em atraso e está pagando juros altos pode tentar uma renegociação com o banco, substituindo as linhas de crédito atuais por linhas mais baratas, como empréstimos pessoais ou empréstimos consignados. Outra opção é fazer a portabilidade de uma dívida de um banco para outro, caso este ofereça condições mais vantajosas, tanto em termos de custo de manutenção de conta e tarifas, quanto de juros e custo efetivo total da dívida. Vale lembrar que essa portabilidade é gratuita.

Abaixo, segue um exemplo do que acontece quando só pagamos o mínimo do cartão de crédito. Você já teve a sensação de que pagar o mínimo é como se não estivesse pagando nada? Entenda o porquê:

DÍVIDAS	CARTÃO DE CRÉDITO				
	CARTÃO ANTERIOR	FATURA ATUAL	PAGAMENTO MÍNIMO	TAXA DE JUROS AO MÊS	SALDO DA DÍVIDA
FATURA DE SETEMBRO	0,00	5.000,00	500	11,58%	5.021,10
FATURA DE OUTUBRO	5.021,10	0,00	502,11	11,58%	5.042,20
FATURA DE OUTUBRO	5.042,29	0,00	504,23	11,58%	5.063,57

Na simulação, se o pagamento fosse apenas do mínimo, que corresponde a 10% do valor total da fatura, e você não mais usasse o cartão de crédito para novas compras, perceba que ainda assim você nunca conseguiria acabar de pagar a fatura. A solução, neste caso, não é apenas cancelar o uso do cartão de crédito, é necessário ir além disso e renegociar a sua dívida. Com as novas regras do cartão de crédito, que entraram em vigor no ano de 2018, o banco entra em contato com o seu cliente assim que este acessa o crédito rotativo (essa regra vale para o cartão de crédito e para o cheque especial também) para propor um financiamento da sua dívida, com outras taxas de juros menores que as contratadas pelo cartão de crédito. Eles sugerem novas taxas e também formas de parcelamento.

Portanto, fique atento aos danos de pagar apenas o mínimo do cartão de crédito. Lembre-se de que o cartão de crédito é feito para quem paga em dia a fatura em sua totalidade. Não se esqueça das dicas que foram escritas acima, principalmente a respeito das dívidas com juros mais baixos. Este é um caso clássico em que valeria a pena pegar um empréstimo mais barato, como um empréstimo pessoal ou mesmo um empréstimo consignado, para pagar o empréstimo mais caro, no caso de um evento extraordinário em que você não terá condição de pagar a fatura do cartão no total.

2.9.1 CASO VOCÊ OPTE POR UM EMPRÉSTIMO PESSOAL

- Solicite um valor de empréstimo apenas para o pagamento do crédito rotativo. Não caia na tentação do dinheiro fácil e pegue mais do que você precisa.

- Pague todas as dívidas com o cartão e cheque especial e, se possível, também adiante algumas parcelas que não estejam atrasadas. Desta forma, sobrará mais dinheiro para o pagamento das parcelas do empréstimo.

- Faça uma simulação do empréstimo com diversos cenários diferentes de parcelamento. Tente não parcelar em muitas vezes, pois o custo efetivo total do empréstimo, ou seja, a soma de todas as taxas embutidas em uma operação de empréstimos, será maior. Por isso, atenção ao custo total e sempre pergunte sobre isso ao gerente do banco ou outro credor. Lembre-se também de que quanto mais parcelas você dividir, mais caro ficará o seu empréstimo, porque você estará por mais tempo com o dinheiro (crédito) do banco. O ideal é dividir o menos possível, não se esquecendo de que as parcelas precisam caber no seu bolso e se pagar mensalmente.

- Evite utilizar o cartão de crédito até terminar de pagar o empréstimo. Assim, você não corre o risco de ficar devendo novamente.

Porém, lembre-se: nada disso surtirá efeito se você não cortar os gastos e reduzir as despesas.

2.9.2 EXISTE SAÍDA ANTES DE OPTAR POR UM EMPRÉSTIMO

Antes de se aventurar em um empréstimo, analise outras alternativas que talvez possam ser mais interessantes e menos danosas para o seu bolso. Aí vão algumas possibilidades:

- Refinanciamento do imóvel: O proprietário oferece o seu imóvel como garantia da dívida, por isso a linha é chamada de refinanciamento de imóvel (conhecida também como empréstimo garantidor, ou *home equity*, termo importado de uma operação de crédito do mercado americano semelhante à realizada no Brasil). Como o banco tem a garantia de que poderá retomar o imóvel se não receber o pagamento da dívida, os juros são mais baixos. Inclusive, os juros desse tipo de negócio podem ser ainda menores do que os do crédito consignado, aquele empréstimo que as parcelas são descontadas diretamente da sua folha de pagamento. No caso do refinanciamento, os prazos têm a chance de ser negociados em até 20 anos. Todavia, para conseguir esse tipo de empréstimo é necessário, na maior parte das vezes, que o imóvel tenha sido quitado em pelo menos 50%. Da mesma forma, é possível obter um empréstimo colocando como garantia o seu carro. Obviamente, você terá a quantidade de crédito disponível nesta linha de acordo com o valor do bem, mas também é uma opção.

- Antecipação da restituição do Imposto de Renda: Toda pessoa física que declara o Imposto de Renda (IR) anualmente pode ter uma restituição dos impostos que pagou. Após a análise da Receita Federal, alguns precisam pagar impostos a mais, porém, outros são restituídos porque pagaram a mais do que deveriam. Aqueles que têm direito a essa restituição do IR podem solicitar ao banco uma antecipação. Essa é outra forma de pedir dinheiro emprestado. A vantagem desse tipo de crédito (empréstimo) é que a taxa tende a ser menor, em torno de [1]2% ao mês, porque é como se o banco tivesse uma garantia maior de que aquele dinheiro viria de algum lugar, normalmente, da própria Receita Federal. Porém, é importante ter cuidado. Se houver inconsistências na declaração de IR, o contribuinte pode cair na malha fina e o valor de restituição inicialmente previsto pode ser reduzido ou, pior, pode nem chegar a ser depositado. Na prática, isso quer dizer que, se uma pessoa faz um empréstimo da restituição do IR, pensando que poderá receber uma restituição de R$ 5 mil, mas, na verdade, após a análise da Receita Federal ficar comprovado que terá de pagar R$ 1 mil a mais, além de ter se comprometido com o pagamento dos R$ 5 mil junto ao banco, ainda estará devendo R$ 1 mil para a Receita Federal. Portanto, é muito importante fazer a declaração do IR de forma correta e atenciosa.

- Antecipação do 13º salário: Antecipar o 13º salário também é uma linha que costuma ter taxas inferiores a de outros empréstimos pessoais que não possuem créditos a serem recebidos como garantia do pagamento, como no caso da antecipação do IR. Na verdade, tanto a antecipação da restituição do Imposto de Renda quanto a do 13º salário são muito similares. Entretanto, mesmo que o empregador

---

[1]Os dados sobre valores variam de acordo com o momento financeiro do País. Os citados neste livro como exemplo consideraram o período em que este foi escrito (2018).

não deposite o 13º, a dívida é descontada da conta do devedor no dia do vencimento acordado com o banco. Assim, o devedor pode correr o risco de não ter recursos para pagar o empréstimo. Além disso, com a antecipação, o devedor abre mão de receber o 13º salário no final do ano. Portanto, fica o alerta, principalmente para quem não poupa mensalmente e conta com este dinheiro para pagar as contas extraordinárias de final e início de ano, como IPVA, IPTU, Natal e outros.

Logo abaixo, segue um quadro comparativo com as diferenças dos juros cobrados entre algumas modalidades de dívidas/empréstimos. Trata-se da média cobrada pelos maiores bancos do Brasil. Observe que, dependendo de qual modalidade for a dívida, vale sim contrair outra dívida para pagar a de juros mais altos. Isso aumentará suas chances de pagar as dívidas.

DÍVIDAS	CARTÃO DE CRÉDITO			
	DÍVIDA INCIAL 31-DEZ-2017	UM ANO DEPOIS 31-DEZ-2018	TAXA DE JUROS AO MÊS	TAXA DE JUROS AO ANO
CARTÃ DE CRÉDITO	10 MIL	37.242,28	11,58%	272,42%
CHEQUE ESPECIAL	10 MIL	34.608,16	10,90%	246,08%
EMPRÉSTIMO CONSIGNADO	10 MIL	11.956,18	1,50%	19,56%
EMPRÉSTIMO GARANTIDOR	10 MIL	12.608,02	1,95%	26,08%
EMPRÉSTIMO PESSOAL	10 MIL	16.478,31	4,25%	64,78%
SOMAS E MÉDIAS	50.000,00	112.892,95	6,04%	125,79%

2.10 COMO SE ORGANIZAR TENDO UMA RENDA DIFERENTE A CADA MÊS - AUTÔNOMOS

Organização e planejamento não abrem espaço para exceções, elas precisam ser colocadas em prática por todos. Por outro lado, não podemos ignorar o fato de que aqueles que têm uma remuneração mensal volátil acabam ficando mais expostos às armadilhas financeiras. Autônomos, como jornalistas, advogados, médicos e uma série de outros profissionais, em geral, encaixam-se nessa categoria que recebe mediante os trabalhos prestados, o que significa que muitas vezes a renda poderá ser diferente de um mês para o outro, dificultando, por isso, a elaboração do planejamento mensal.

Entretanto, mesmo nesses casos, é possível desfrutar de certa estabilidade financeira se houver organização e disciplina. Comece adotando uma planilha, caderno ou outra ferramenta de organização, e anote todas as suas despesas. Assim, no mês seguinte, você saberá prever qual será o seu gasto médio mensal. Anote também o quanto recebeu neste mês, nos anteriores, e se não souber, anote nos próximos. Em seguida, faça uma média do seu rendimento nos últimos três meses e considere-a como sua receita mensal. É fundamental anotar TUDO. Você precisa saber o quanto entra e sai da sua conta, e entender bem como costuma gastar o seu dinheiro. Dessa forma, utilizando a média como referência, ajuste suas despesas para gastar no máximo o valor estipulado na média (o ideal seria gastar até 85% desta). No mês que ganhar mais, você pode guardar para o mês em que ganhar menos, e assim passa a ter um controle maior sobre suas finanças. Em outras palavras, se o salário médio for de R$ 2 mil, por exemplo, 85% desse valor seria R$ 1.700.

Acompanhe abaixo:

SALÁRIO MÉDIO		2 MIL
NOVEMBRO	SALÁRIO JOSÉ	1 MIL
DEZEMBRO	SALÁRIO JOSÉ	3 MIL
JANEIRO	SALÁRIO JOSÉ	2 MIL

DATA	ITEM	PREVISTO	REALIZADO
12/JAN	ALUGUEL + CONDO.	560	560
13/JAN	IPTU + TAXAS	120	120
14/JAN	CONTA DE ENERGIA	100	100
15/JAN	CONTA DE ÁGUA	50	50
12/JAN	SUPERMERCADO	400	400
12/JAN	PLANO DE SAÚDE	220	220
15/JAN	MEDICAMENTOS	100	100
12/JAN	RESTAURANTES	150	150
TOTAL DE DESPESAS MENSAIS		1.700	1.700

É importante ressaltar que os que têm uma renda volátil precisam ter uma reserva maior do que a de um profissional com renda fixa. Faça as contas de gastos essenciais para o seu mês e, a partir disso, tenha uma reserva, aproximadamente, seis vezes maior que esse valor. Essa quantia servirá para futuras necessidades, emergências, ou mesmo acréscimos pontuais em seu orçamento. O segredo é esquecer esse dinheiro e deixá-lo render em uma aplicação segura e que tenha boa liquidez.

Na tabela abaixo, mostro o quanto é possível ganhar com esta aplicação rendendo juros sobre juros em apenas um ano. Além disso, podemos identificar outros tipos de aplicações que atualmente são acessíveis a todas as pessoas físicas:

APLICAÇÕES	SALDO INICIAL 31/DEZ/17	1 ANO DEPOIS 31/DEZ/18	TAXA DE JUROS AO MÊS	TAXA DE JUROS AO ANO
POUPANÇA	10.000,00	10.455,02	0,37%	4,55%
CDB*	10.000,00	10.650,00	0,53%	6,50%
LCI/LCA	10.000,00	10.617,50	0,50%	6,18%
TESURO DIRETO (TÍTULO PRÉ FIXADO)	10.000,00	10.967,00	0,77%	9,67%

*No resgate, há incidência de Imposto de Renda, conforme prazo de aplicação.

2.11 QUATRO DICAS PARA SE LIVRAR DO EFEITO DOMINÓ

O "efeito dominó", também conhecido como "efeito cascata", sugere a ideia de um efeito como sendo a causa de outro efeito, que gera uma série de acontecimentos semelhantes. Financeiramente falando, isso quer dizer que o Efeito Dominó é quando nos endividamos, e como não conseguimos quitar essas dívidas, nos vemos obrigados a pegar outros empréstimos, que acabam gerando mais dívidas, piorando, assim, o cenário. A verdade é que uma dívida leva a outra, e quando isso acontece, em vez de sanarmos o problema, acabamos piorando.

O pagamento mínimo do cartão de crédito ou a falta de pagamento de contas, que geram acúmulo de juros, são as causas mais comuns de dívidas, e conforme esse efeito se torna progressivo, passamos, pouco a pouco, a perder o controle, quando, de repente, tudo desmorona.

Entretanto, é possível se livrar de situações assim, e eu separei quatro dicas que te ajudarão nesse processo:

- Assuma a sua situação e recupere o controle: Se você se encontra endividado é porque perdeu o controle em algum momento. Faça uma lista do que está pendente, dos atrasos e valores, e coloque em ordem de prioridade para quitação. Considere as dívidas com juros mais altos como prioritárias, mas não é uma regra. Em alguns casos, vale a pena pagar as de menor valor para se livrar delas rapidamente.

- Pague suas dívidas: Parece óbvio e, por mais difícil que possa ser, é necessário que isso saia do campo das ideias. Negocie o que pode ser negociado para reduzir os juros, e comece quitando as dívidas mais recentes. Feito isso, elimine as mais atrasadas. Uma vez atrasadas, quanto mais o tempo passar, maior será o poder de barganha na negociação, porque como o credor acredita que você não pagará mais, uma proposta mais baixa apresentada após esse período poderá ser vantajoso para ele, e, consequentemente, para você também.

- Pague suas dívidas regularmente: Após quitar os atrasos, é hora de se organizar para pagar em dia as dívidas que estão para vencer. Reduza ao máximo os seus gastos, coloque na planilha, preveja o que está por vir e separe a grana para pagar as contas que você sabe que vão chegar. Quantas pessoas negociam suas dívidas sem nem ao menos saber sua capacidade de pagamento. Assim, acabam se tornando inadimplentes de novo e voltam à estaca zero. Portanto, conheça o seu limite de pagamento.

- Evite novas dívidas: Tudo se resume em gastar menos do que se ganha. Gastar menos do que se ganha. Gastar menos do que se ganha. Repita isso até conseguir colocar em prática. Mude os seus hábitos, tente juntar dinheiro para pagar à vista e não use mais o cartão de crédito até que tenha total controle da sua vida financeira.

2.12 O QUE O PLANEJAMENTO FINANCEIRO TEM A VER COM A MINHA CARREIRA PROFISSIONAL?

Ao contrário do que muitos pensam, e até mesmo praticam, a vida não foi feita para ser vivida em partes. No entanto, apesar de termos sido criados inteiros, por algum motivo, constantemente decidimos separar a nossa vida em pequenas frações como pessoal, profissional, emocional, religiosa e por aí vai. O problema é que essa é uma visão parcial, porque, por mais que tentemos, não conseguimos agir de forma totalmente independente em cada situação, já que aquilo que vivemos no todo ou temos como convicção influencia as situações específicas que passamos. Quando batemos o dedinho do pé, por exemplo, todo o nosso corpo sente de alguma forma. Da mesma maneira, quando não estamos bem emocionalmente, isso reflete em nossa produtividade e até mesmo em nossa condição física. De certa forma, tudo o que somos está conectado e nos faz reagir desta ou daquela maneira. E com a nossa vida financeira não é diferente. Ela está inteiramente relacionada à vida profissional e quaisquer outras áreas que possamos ter em nossa vida.

Quando temos um planejamento financeiro bem estruturado, torna-se fácil organizar as diretrizes que queremos dar para a nossa carreira, e, como resultado, para o nosso futuro. Além disso, começamos a administrar melhor nossas receitas e identificar o quanto precisamos para cobrir as despesas e fazer investimentos. Consequentemente, conseguimos estabelecer um tempo determinado para pedir uma promoção ou buscar novas oportunidades no mercado, por exemplo, caso nossas experiências profissionais não estejam compatíveis com as nossas expectativas financeiras. O importante é que fique claro que uma coisa está ligada a outra.

Com isso, não quero sugerir que todos têm de trocar de emprego, e sim que quando planejamos, conseguimos entender exatamente em que ponto financeiro nos encontramos naquele momento, e, assim, somos capazes de projetar aonde queremos chegar em qualquer área, incluindo em nossa carreira, de modo que os próximos passos práticos na busca pela promoção e alavancagem financeira, nesse caso, serão muito mais certeiros e intencionais.

Além disso, com um bom planejamento financeiro, que nos livrará de dívidas e nome sujo, a nossa produtividade e motivação tem espaço para crescer, uma vez que nesse processo construímos também uma visão muito mais concreta do futuro que temos e sonhamos. Isso é bom para nós e bom para a empresa em que trabalhamos, já que temos a oportunidade de aproveitar com mais intensidade a nossa família, o nosso trabalho e todas as outras áreas de nossa vida. Quando estamos devendo, ficamos tão preocupados com a dívida e com as contas que temos de pagar, que o nosso envolvimento com quaisquer outras áreas de nossa vida acaba sendo arruinado pelo desespero que esse tipo de situação pode gerar. Com um planejamento financeiro alinhado, o seu desempenho e participação ativa em todas as suas atividades e relacionamentos se torna ainda maior e mais saudável.

Fora que, em um mercado em crise, as empresas se tornam ainda mais seletivas na escolha por um candidato e optam por aqueles que são organizados e controlados financeiramente, pois os benefícios de seu comportamento em relação à sua própria vida financeira agregarão pontos para a empresa, sem mencionar que essa simples informação já diz muito a respeito de quem está pleiteando a vaga.

Portanto, não é possível separar as duas coisas, e é essencial que isso esteja esclarecido para nós, de maneira que tomemos passos práticos em cima dessa realidade. Quando estamos focados em uma, consequentemente, veremos os reflexos na outra.

2.13 PARA COMBATER A INFLAÇÃO

Antes de mais nada é necessário entendermos o que o termo inflação realmente quer dizer. Apesar de escutarmos o tempo inteiro a respeito dele e termos uma noção do quanto ele é capaz de influenciar a Economia, muitos não sabem o sentido e aplicabilidade disso no dia a dia. A inflação é o índice que mede a variação dos preços de todos os produtos ofertados no mercado. Na prática, isso significa que ela dita o quanto o seu dinheiro vale no mercado. Se hoje, por exemplo, você tem R$ 1 mil para fazer compras e a inflação anual foi de 10%, para comprar as mesmas coisas em 2019, você precisará ter R$ 1.100 em vez de R$ 1 mil.

Veja na tabela:

ANO	VALOR	INFLAÇÃO	VALOR CORRIGIDO
2018	R$ 1.000	10%	R$ 1.100

Se antes você fazia as compras do mês com o valor de R$ 1 mil, e a inflação foi de 10%, isso quer dizer que a média do preço dos alimentos teve um aumento de 10%. Sendo assim, quanto maior for a inflação, maior será a desvalorização do seu dinheiro.

Segundo o IBGE, em 2015, o IPCA [1]Índice Oficial de Inflação fechou em 10,67%, o maior desde 2002, o que assustou muitos brasileiros, uma vez que a estabilidade nos preços acontece apenas quando a inflação chega a zero. Já em 2016, essa taxa caiu para 6,29%, e, em 2017, reduziu ainda mais, chegando a 2,75%. Esse cenário nos faz ter ainda mais certeza do quanto precisamos nos atentar às práticas de economia, afinal elas estão constantemente determinando os rumos do que fazemos e temos, se faremos ou teremos, e se iremos continuar fazendo ou bancando certo patrimônio. Esse tipo de ensinamento precisa começar em casa. Nem sempre os termos ou cenário econômico serão entendidos profundamente, mas é importante ter uma noção dos principais conceitos da Economia que podem afetar diretamente o nosso

---

[1] A inflação possui vários índices, entre eles: Índice Geral de Preços (IGP), Índice de Preços no Atacado (IPA), Índice Nacional de Preços ao Consumidor (INPC), Índice de Preços ao Consumidor Amplo (IPCA), Índice Nacional do Custo da Construção (INCC), Custo Unitário Básico (CUB).

cotidiano, como a inflação, por exemplo. De maneira prática, a interação familiar é fundamental nesse processo, o que significa que todos precisam saber em que fase a família está vivendo, ainda que ela seja passageira. O importante é que todos da casa entendam que enquanto essa estação durar a família inteira precisará ter consciência e disciplina, inclusive as crianças. Por exemplo, a minha filha de cinco anos ainda não entende o que são finanças, mas sabe que precisa apagar a luz e não desperdiçar água porque está gastando dinheiro.

Por meio de pequenas atitudes, podemos transformar o nosso dia a dia e hábitos de consumo, gerando mais economia e adotando práticas mais saudáveis para o planeta e para nós mesmos. Para cada despesa, existe uma forma diferente de economizar, e quando mudamos o nosso comportamento em relação ao uso e administração do dinheiro, já que muitas vezes somos "forçados" a diminuir gastos para acompanhar o aumento dos preços dos produtos e serviços provocados pela inflação, mudamos também a nossa mentalidade e conceito do que realmente é prioridade para nós.

Dentro disso, chegamos à conclusão de que o nosso padrão de vida nunca pode ser colocado à frente da economia. Do contrário, ele se tornará um gerador de dívidas. O segredo é analisarmos nossa renda em primeiro lugar, a economia em segundo e, em terceiro, o nosso padrão de vida, sem nos esquecermos de separar o dinheiro que pouparemos deste último.

Reduza gastos com energia elétrica, com o uso de computador e televisão, com a geladeira aberta, com o chuveiro e torneiras abertas, ou com as horas ao telefone.

Priorize a reciclagem. Além do efeito positivo para o meio ambiente, sem dúvida é outra fonte de economia. Evite compras por impulso, é possível reutilizar roupas, eletrônicos, e outros. Opte por lazeres gratuitos e ao ar livre, eles também farão bem para a sua saúde e bolso.

2.14 VENÇA A ALTA DOS PREÇOS DOS ALIMENTOS

Nos últimos 10 anos, o preço dos alimentos aumentou 129%. Em alguns casos, a alta foi ainda maior, superando 300%. A cebola e a batata são exemplos disso. De acordo com dados do Índice de Preços ao Consumidor Amplo (IPCA) e do índice de preços do Instituto Brasileiro de Geografia e Estática (IBGE), nos últimos anos, ambos aumentaram 438,99% e 393,76% respectivamente. E esses números se tornam ainda mais assustadores se pararmos para analisar que tanto um quanto o outro estão nas listas de alimentos mais consumidos pelos brasileiros. O tomate, que, inclusive, virou protagonista de "memes" nas redes sociais em 2016, também teve seu preço acrescido em 45,71%, em janeiro de 2018.

O problema é que quem sofre com esses aumentos é o nosso bolso. E, diante disso, a pergunta que fica é: como driblar os preços ganhando o mesmo valor (e, em alguns casos, ganhando menos ou estando desempregado), e consumindo a mesma quantidade de alimentos todos os dias?

A estratégia está nas promoções e mudança de alguns hábitos. Opte por fazer compras onde está mais barato, e não apenas no local em que está acostumado. Outra saída é fazer compras semanais, em vez de mensais, assim, temos mais chances de aproveitar as melhores promoções.

Crie o hábito de pesquisar os dias de ofertas em diferentes supermercados. Leve panfletos para casa, pesquise em *sites* e compare os preços, aliás já existem aplicativos que fazem essas comparações. Entretanto, fique atento à data de validade dos produtos. Na maioria das vezes, produtos que estão prestes a vencer são colocados em promoção para serem "liquidados" logo, o que pode ser cilada se não prestarmos atenção. Por outro lado, obviamente, essa pode ser uma grande oportunidade também. Cada caso é um caso.

Outra estratégia que acaba minando o bolso de muitas pessoas sem que elas sequer percebam é deixar de conferir os preços no caixa. Nem sempre produtos anunciados em promoção são atualizados no sistema. Acompanhe o registro item por item para ter certeza que estão cobrando o preço anunciado. Isso pode poupar muito dinheiro no total da compra.

Já em casa, uma tática é usar e abusar da criatividade na hora de cozinhar. Tente substituir produtos e marcas, variar os cardápios e reduzir o consumo dos alimentos e produtos que estão mais caros. Em tempos de alta de preços, é necessária uma adaptação. Talvez essa seja a hora perfeita para abrir mão de grandes marcas e optar por outras. Nem sempre a marca mais famosa é a de melhor qualidade. Vale a pena experimentar novas alternativas. Produtos de limpeza também são exemplos disso.

Mais uma dica importante é limitar os seus gastos a um determinado valor. Coloque na planilha quanto você pode gastar com supermercado e siga à risca essa proposta. Não ultrapasse os seus limites.

Por fim, não se esqueça de fazer a lista antes de sair de casa, e ater-se a ela. Não compre o que não precisa, principalmente produtos para estocar e fazer reserva na despensa, ainda mais se eles não estiverem em promoção.

2.15 FUI DEMITIDO. E AGORA?

Infelizmente, o número de desempregados no Brasil tem se tornado cada vez mais crescente, tendo chegado a mais de [1]13,1%, segundo dados da Pesquisa Nacional por Amostras de Domicílios Contínua (PNAD) realizada no primeiro trimestre de 2018.

Muitos, que jamais se imaginaram nessa situação, hoje, são parte de uma estatística que tem assolado milhões de brasileiros. Trabalhadores com 10, 20 ou até mais anos de empresa têm sido "liberados" por causa da crise. E é justamente por esse motivo que o planejamento é tão fundamental, tendo uma renda fixa, estando desempregado ou em qualquer outra condição.

Sabemos que, dependendo do tempo de contribuição no emprego, o valor da rescisão de contrato pode ser maior ou menor. O problema é se iludir com essa quantia, principalmente se for muito alta, e agir sem planejamento ou foco. A maioria das pessoas não tem conseguido emprego nem mesmo depois dos cinco meses de recebimento do Seguro-Desemprego, mal distribuído pelo Governo. Sendo assim, é preciso entender que, por mais que pareça muito dinheiro, ele precisa ser bem administrado. Se uma pessoa que ganha R$ 3 mil por mês é demitida em janeiro, ela receberá, por exemplo, R$ 30 mil referente aos anos trabalhados na empresa.

---

[1]https://agenciadenoticias.ibge.gov.br/agencia-noticias/2012-agencia-de-noticias/noticias/20995-desemprego-volta-a-crescer-no-primeiro-trimestre-de-2018

Se ela mantiver o seu padrão de vida com a sua média de salário por 11 meses e não conseguir um novo emprego, toda a sua reserva se esgotará. Em outras palavras, se ela retirar o valor de R$ 3 mil do acumulado, que é R$ 30 mil, a cada mês que passar, terá R$ 3 mil a menos.

Veja:

MÊS	RETIRADA MENSAL	ACUMULADO
JANEIRO	R$ 3 MIL	R$ 30 MIL
FEVEREIRO	R$ 3 MIL	R$ 27 MIL
MARÇO	R$ 3 MIL	R$ 24 MIL
ABRIL	R$ 3 MIL	R$ 21 MIL
MAIO	R$ 3 MIL	R$ 18 MIL
JUNHO	R$ 3 MIL	R$ 15 MIL
JULHO	R$ 3 MIL	R$ 12 MIL
AGOSTO	R$ 3 MIL	R$ 9 MIL
SETEMBRO	R$ 3 MIL	R$ 6 MIL
OUTUBRO	R$ 3 MIL	R$ 3 MIL
NOVEMBRO	R$ 3 MIL	R$ -

Por isso, é tão importante saber administrar o seu dinheiro e criar consciência de que dali para frente você e sua família passarão a viver uma nova fase, que precisa ser adaptada e muito bem controlada.

O primeiro passo em uma situação assim é compartilhar e conversar com a família. Quem perdeu o emprego precisa de muito apoio familiar. Todos em sua casa precisam estar cientes da situação para que possam enfrentar esse momento juntos. Fases assim são sempre difíceis, mas não se esqueça de que isso é apenas uma estação, algo que tem data de início e término. Não se deixe vencer por circunstâncias efêmeras, porque assim como na natureza existe a troca de estações, em nossa vida, também temos altos e baixos, e precisamos aprender a administrar não apenas nossos recursos, mas nossas emoções diante das situações.

O segundo passo a tomar é fazer um diagnóstico de sua situação financeira. Saiba qual será sua entrada mensal daqui para frente e quais serão suas despesas mensais.

Feito isso, antecipe o pagamento de todas as dívidas, e, se possível, tente quitar financiamentos como casa e carro, por exemplo. Pague tanto as contas atrasadas quanto as futuras, como faturas do cartão de crédito. Peça descontos, negocie as dívidas e tente liquidá-las. Reveja planos de assinatura de TV, *internet* e telefone. Reduza alguns gastos, como trocar o carro por transporte público algumas vezes na semana ou optar por transporte por aplicativos, que em diversas vezes sai mais barato do que manter o seu carro próprio. Além disso, separe uma reserva que lhe ajude a manter o seu orçamento no azul, pelo menos nos próximos seis meses.

Se porventura sobrar algum valor, aplique-o onde seja fácil resgatar, para que, havendo necessidade, você consiga sacá-lo rapidamente e usá-lo. Não o deixe parado na conta corrente sem a oportunidade de receber os juros de uma aplicação, e não se esqueça de que existem várias opções de investimentos além da poupança.

Atenção! Para os que continuam empregados, o ideal é fazer uma reserva de seis meses de salário, caso tenham até 35/40 anos, e de 12 meses de salário, caso tenham mais de 40. No primeiro caso, a reserva é necessária para suprir gastos básicos caso o desemprego bata à porta. Da mesma forma, no segundo caso, a diferença é que quanto mais jovem, maior a chance de um retorno rápido para o mercado de trabalho, que, de acordo com estatísticas, tende a acontecer cerca de seis meses depois. Ao passo que pessoas com mais de 40 anos têm mais dificuldade de recolocação no mercado de trabalho, e podem levar um ano, às vezes até mais, para conseguir um emprego novamente. Então, acredite, poupar agora é seu melhor investimento.

2.16 INFIDELIDADE FINANCEIRA: NÃO ESCONDA SUAS DÍVIDAS DO SEU PARCEIRO (A)

[1]De acordo com uma pesquisa realizada pelo IBGE, o número de divórcios no Brasil cresceu mais de 160% na

---

[1] http://agenciabrasil.ebc.com.br/geral/noticia/2015-11/divorcio-cresce-mais-de-160-em-uma-decada

última década. ²Em 2014, dados do Registro Civil registraram 341,1 mil divórcios homologados. Especialistas apontam a questão financeira como uma das cinco principais causas para a separação. Outro motivo é a desconfiança.

Agora, o que nenhum deles afirma é que muito possivelmente essas duas causas estejam conectadas. Desconfiança financeira pode ser fatal em um casamento. Algumas vezes, a questão não é nem o dinheiro em si, e sim a falta de confiança no parceiro (a). Quando você descobre que o outro escondeu uma dívida, o problema nem sempre é o valor, e sim o fato disso ter sido escondido. Então, bate a dúvida: "O que mais ele (a) estaria escondendo de mim?".

Seja transparente. Não esconda nada, nem uma comprinha por menor que seja. Seja parceiro do seu marido ou esposa em todas as áreas da vida. Compartilhe contas, ganhos, gastos. Seja honesto. Não pense em gastar mais do que o "combinado"; esse é o começo para esconder coisas ainda maiores. O dinheiro pode ser o que talvez lhe faça perder o respeito e a credibilidade, então não coloque tudo a perder. Se hoje você tem alguma dívida ou situação que seu parceiro (a) ainda não sabe, sente com essa pessoa e compartilhe a real situação. Certamente, os dois juntos pensarão muito melhor em uma estratégia para solucionar o problema e enfrentar a situação, do que apenas um, que, por sinal, provavelmente estará à flor da pele pela sobrecarga.

---

[2] https://censo2010.ibge.gov.br/noticias-censo.html?busca=1&id=1&idnoticia=3044&t=registro-civil-2014-brasil-teve-4-854-casamentos-homoafetivos&view=noticia

Por outro lado, talvez você esteja se questionando: "Mas se eu contar a verdade agora, o que ele (a) vai pensar de mim?". Se você se aproximar com humildade, arrependimento e disposição a não repetir o erro, com certeza será compreendido e, aos poucos, reconquistará a confiança.

Não permita que suas finanças sejam comparadas a uma traição. Não vale a pena. Quanto antes você falar com ele (a), melhor será, e isso, eu posso garantir. Conheço histórias de clientes que pediram dinheiro emprestado para a sogra sem o conhecimento da esposa. Preciso contar o final? Triste.

2.17 NÃO DEIXE O DINHEIRO – OU A FALTA DELE – ACABAR COM SEU CASAMENTO

Sim, o dinheiro é capaz de destruir muitos casamentos, porém, com alguns passos práticos é possível se precaver de brigas ou conflitos futuros:

- Transparência: Fale com o seu parceiro sobre as finanças de casa. Seja qual for a circunstância, não esconda nem omita.

- Metas: Estabeleçam planos financeiros em conjunto, para curto, médio e longo prazos. Elejam prioridades e estabeleçam metas. Não adianta um querer um carro novo e o outro uma viagem. Deve haver consenso antes que o planejamento seja finalizado.

- Planilha: Coloque as contas "na ponta do lápis". Adote uma planilha para facilitar e organizar o fluxo que entra e sai. Vocês também podem usar um caderno, o importante é ter por escrito e mantê-lo atualizado.

- Medos: discuta os seus medos em relação ao dinheiro. Para um, pode ser o fim do mundo fazer um financiamento, por exemplo, enquanto para o outro pode ser natural, e isso é normal, já que ambos vieram de lares e criações diferentes, por isso a importância de sentar e colocar as cartas na mesa.

- Gestão das finanças de casa: Ou o homem ou a mulher, mas é sempre crucial deixar o cargo nas mãos de quem é mais familiarizado com o assunto dinheiro. Mesmo assim, é necessário dividir as informações financeiras com o seu parceiro (a). Assim, o peso não fica nas costas de um só. A divisão das despesas da casa deve ser de comum acordo. Vale ressaltar também que já vi mais resultados quando o dinheiro da casa é um só, depositado em uma conta conjunta, do que em duas contas, o que também é viável se as despesas forem divididas e as metas estabelecidas em conjunto. Nesse caso, a sobra do dinheiro acaba sendo de cada um.

- Empréstimo: Nunca pegue dinheiro emprestado sem o acordo de seu parceiro (a). E, por favor, dinheiro com a sogra ou sogro, sem consenso do parceiro, JAMAIS!

- Despesas supérfluas: Estabeleça um limite financeiro para algumas extravagâncias. Por exemplo, um jantar fora de casa deve ser prazeroso, e não uma dor de cabeça. O mesmo se dá para viagens, e quaisquer outras ocasiões. Não deixe que o fim da viagem ou a hora de pagar as contas, seja o fim de uma vida a dois.

- Poupança: Tenha sempre uma reserva para o tempo das "vacas magras". Imprevistos acontecem, você ou seu parceiro (a) podem ter uma redução na renda, perderem o emprego ou até mesmo ficarem doentes. Uma sugestão para pessoas com até 35 anos é ter 6 meses de salário poupado, e, acima dessa idade, 12 meses, assim você terá tranquilidade enquanto busca uma recolocação ou alguma outra alternativa.

2.18 CHEGA DE VIVER SEM DINHEIRO. SAIA DA ESTACA ZERO!

Confesso que preciso concordar que a ideia de ganhar dinheiro em casa ou até mesmo ganhar mais dinheiro parece algo tão distante e fora da realidade que, muitas vezes, soa até como uma cilada, para não dizer utopia. A verdade é que cortar gastos é tão difícil quanto gerar mais renda, mas em meio ao desemprego e situação de crise que sempre enfrentamos, já que a Economia é cíclica, ora bonança, ora aperto, precisamos fazer diferente, afinal não podemos esperar resultados diferentes fazendo as mesmas coisas. E, se ninguém quer viver sem ter um tostão no bolso, por que não buscar ganhar mais?

Poupar continua sendo uma das formas mais eficazes e seguras para multiplicar e investir dinheiro. Isso, somado à redução de despesas mensais, precisa ser parte da nossa consciência financeira. O interessante é que, por mais utópico que pareça, existem, sim, formas atuais de ganhar mais dinheiro e, em muitos casos, sem nem sair de casa.

- Crie uma conta no Instagram e divulgue produtos que não usa mais. Você pode vender itens que ainda estejam em boa qualidade, por um preço mais acessível. Roupas de crianças que não servem mais, artesanatos e produtos de decoração para festas são bons exemplos.

- Ofereça os seus serviços. Você é bom em alguma coisa? Por que não começar a vender? Você pode ajudar as pessoas a fazer pequenos reparos em casa, customizar roupas, confeccionar peças decorativas e vender o seu trabalho. Atualmente, várias pessoas estão ganhando muito dinheiro com TI (suporte e aplicativos), vida *fitness* e confeitaria; tudo pela *internet*, com um investimento muito baixo.

- Se você fala outras línguas, cadastre-se em sites que pagam por traduções. Jornalistas, programadores, analistas, e tantos outros podem ganhar por jobs. Divulgue-se. O primeiro cliente é o mais difícil de captar, mas, feito isso, você conseguirá indicações e tudo começará a fluir mais naturalmente. Quem sabe você não se torna um consultor? Se isso acontecer, provavelmente você criará uma rede de clientes, poderá desenvolver um site e, quando menos esperar, terá sua própria empresa. Por que não?

- Rentabilize conteúdo na internet através do Google AdSense. Se você já tem um blog ou site, pode ganhar com anúncios publicados pela própria Google. Ter uma conta no [1]AdSense é gratuito. Talvez, mais para frente, você consiga vender espaços em seu site. Teste. Tente.

Essas são algumas opções para você sair da estaca zero. Tem muito dinheiro esperando por você logo ali na frente.

---

[1] AdSense é o serviço de publicidade oferecido pela Google Inc e funciona a partir da inscrição de donos de websites no programa. Este possibilita a exibição de anúncios em texto, imagem e vídeo, que são administrados pela Google, gerando lucro baseado na quantidade de cliques ou de visualizações.

2.19 CARRO PRÓPRIO OU TRANSPORTE ALTERNATIVO?

VALOR DE COMPRA DO CARRO À VISTA	R$ 30 MIL
SEGURO (5%)	R$ 1.500
DEPRECIAÇÃO (10%)	R$ 3 MIL
REVISÃO | REPAROS	R$ 500
COMBUSTÍVEIS | LAVAGEM | ESTACIONAMENTO	R$ 4.800
IPVA	R$ 1.200
CUSTO DE OPORTUNIDADE (6%)	R$ 1.800
TOTAL POR MÊS	**R$ 1.067**
DESEMBOLSO POR MÊS	R$ 667

Antes de mais nada, é preciso esclarecer que esse tópico é um informativo, e não uma tentativa de demonizar a compra do carro próprio, até porque cada um conhece bem suas necessidades e elas são diferentes de uma pessoa para outra. Porém, vale colocar na balança os motivos e custos da decisão de comprar um carro, seja ele zero ou não. Muitos, na ânsia de ter um carro apenas pela posse, ou *status*, acabam se iludindo de que as vantagens de se manter um veículo são maiores do que os gastos para mantê-lo. Em alguns casos, talvez realmente seja assim, mas em outros, não.

A tabela acima retrata um cálculo muito conservador, isto é, considerando as melhores hipóteses, em que gastos adicionais como multas, revisões não programadas, manutenções pesadas e afins, não foram levados em conta.

Suponhamos que uma pessoa tenha um salário mensal de R$ 2 mil e decida comprar um carro popular de R$ 30 mil, o que já é um valor bem mínimo se considerarmos a realidade atual. Fazendo cálculos simples, considerando o carro mais barato hoje, chegamos a uma despesa mensal de R$ 1.067. Isso quer dizer que mais da metade desse salário é apenas para bancar a mensalidade, sem contar os contratempos adicionais.

Por outro lado, você já parou para refletir que um transporte alternativo talvez seja muito mais barato, e, dependendo, até mais eficiente e prático para a sua realidade de vida do que um carro próprio? Se analisarmos o gasto de R$ 1.067 e aplicarmos R$ 567 em transportes alternativos, como carros por aplicativos, por exemplo, ainda teremos mais de R$ 500 que podemos poupar e investir em outras possibilidades, quem sabe até em investimentos para multiplicar o nosso patrimônio. Isso é o *Custo de Oportunidade*, que havíamos comentado anteriormente. Partindo do conceito de *Custo de Oportunidade*, se optássemos por utilizar os R$ 30 mil que gastaríamos em um carro, para investirmos em uma aplicação conservadora, que renda, hoje, 6,0% ao ano, isso significa que teríamos um ganho de R$ 1.800 por ano (Estes valores estão sujeitos a alterações de acordo com variações inflacionárias).

Além disso, vale comentar também que, assim que o carro sai da concessionária, ele passa a valer, automaticamente, menos do que o preço pago por ele. Esse tipo de fenômeno é chamado de depreciação, ou seja, a desvalorização que determinados bens sofrem após a compra. É importante mencionar que, no caso de automóveis, o primeiro ano de depreciação é sempre maior do que os seguintes. Ainda assim, se uma pessoa permanece com o mesmo carro durante quatro ou cinco anos, a perda por depreciação pode chegar a 10% do valor pago no veículo por ano.

Mas, volto a dizer, a intenção aqui é apenas trazer a informação necessária para que você tire suas próprias conclusões. Carros têm um alto custo que talvez possa ser repensado. O problema é que muitas pessoas só pensam no agora e na sensação que terão ao desfrutar de certas situações ou bens, porém ganhar dinheiro é um trabalho de "formiguinha", que exige abrir mão de vontades momentâneas em detrimento de um objetivo maior: enriquecimento. Isso não significa que você nunca poderá usufruir desses esforços mais para frente, mas o segredo é manter os olhos no foco verdadeiro, lembrando, é claro, de manter um equilíbrio.

PARTE 3
A ARTE DE POUPAR

3.1 POUPAR É MAIS IMPORTANTE QUE INVESTIR!

Por incrível que pareça, o primeiro passo, e talvez o mais importante, é a disciplina de poupar. Sem isso, investir acaba se tornando uma ideia utópica. A prática de poupar não está condicionada à forma como fomos criados quando pequenos, apesar de isso influenciar muito na maneira como enxergamos e lidamos com o mundo. Porém, o ato de guardar dinheiro pode ser desenvolvido e exercitado por qualquer pessoa, basta querer e cultivar esse estilo de vida e mentalidade. Nem sempre é fácil, mas é, sim, possível.

Para começar a poupar, precisamos determinar uma porcentagem mensal que, a partir da data estipulada, trataremos como uma despesa. Considere esta quantia tão importante quanto as compras de supermercado, de luz, telefone e outras. Inclusive, algo que sempre sugiro é que se você é solteiro deveria poupar cerca de 30% do seu salário, e se é casado, no mínimo, 10%. Mais uma vez volto a repetir: não esqueça de manter o controle utilizando uma planilha ou caderno.

    Apenas depois de se empenhar para desenvolver esse hábito é que você poderá pensar onde deverá aplicar o seu dinheiro, afinal você não quer "perdê-lo" apenas guardando ou deixando na Poupança (investimento), não é mesmo?

    O interessante é que apesar de muitos não se darem conta, o ato de economizar pode ser um fator decisivo na vida. Pelo fato de vivermos em uma economia cíclica, tendo épocas de fartura e, outras, de crise, a falta de recursos pode nos colocar em situações desesperadoras, para não dizer fatais. A Bíblia ilustra essa realidade de forma bem clara através da história de José, a partir de Gênesis 37. Naquele período, o Egito era a maior e a mais poderosa potência que existia na Terra, tanto em termos de território, quanto bélico, riquezas, domínio, poder e tecnologia. De maneira bem resumida, José havia sido vendido como escravo por seus próprios irmãos e se viu no Egito como servo do capitão da guarda de faraó. Após uma série de acontecimentos, o jovem acabou na prisão injustamente, porém não contava que naquela mesma época faraó passaria a ser incomodado por sonhos que não conseguiria interpretar. Apesar das tentativas, ninguém era capaz de trazer significado aos sonhos. Entretanto, um dos empregados de faraó, que havia conhecido José na prisão e tinha tido um sonho interpretado por ele, comentou a respeito do rapaz, que, finalmente, foi chamado ao palácio e trouxe fim à agonia do rei.

    Ambos os sonhos anunciavam a respeito de sete anos de muita prosperidade que estavam por vir em breve e sete anos de muita fome que se instalariam em seguida. O interessante é que José não apenas interpretou os sonhos, mas também trouxe uma solução para aquele problema. "Durante sete anos, nós iremos poupar". Dessa maneira, o jovem José encontrou graça diante de faraó e foi nomeado governador do Egito, passando a liderar o projeto de gestão e a economia nacional. A Palavra de Deus menciona que a poupança foi realizada com a quinta parte da produção, o que traduzindo quer dizer 20% de toda a colheita.

Assim, durante os sete anos em que a economia estava reagindo bem e prosperando, aquela nação passou a economizar 20% de toda a sua produção. Porém, no oitavo ano, assim como Deus havia revelado a José, a fome chegou e já não havia mais meios de desenvolver o plantio. Com a enorme seca proveniente da falta de chuva, a produção de grãos passou a sofrer com o caos que havia se instalado. Por outro lado, devido ao excelente projeto de gestão que José elaborara, a poupança de mantimentos trouxe abastecimento não apenas para o Egito, mas também para todo o resto do mundo.

Essa história sempre me impressionou muito, porque a decisão de poupar salvou milhares de pessoas que nem mesmo eram egípcias. Homens, mulheres e crianças poderiam ter sido exterminados da Terra não fosse a decisão de economizar. Assim como hoje, acredito que muitas pessoas naquela época não tinham noção ou entendimento profundo a respeito do pensamento a longo prazo, mas foi exatamente isso que deu vida àquele plano. O nosso problema é que estamos muito acostumados a pensar apenas no agora. Damos desculpas para a nossa falta de planejamento, preguiça e até mesmo desorganização, porque no fundo o que realmente importa é o que podemos obter hoje.

Precisamos quebrar esse tipo de mentalidade, porque poupar pode trazer prosperidade não apenas para você e sua família, mas para muitas outras pessoas.

Entretanto, a história não termina por aí. A Bíblia nos conta que, quando os povos passaram a buscar mantimentos nos anos de fome, eles eram obrigados a pagar por isso. No início, trocavam pedras preciosas por alimento, até entregarem tudo o que tinham, e, por fim, acabaram trocando sua força de trabalho por mantimento. O Egito não se tornou somente o único local que tinha abastecimento, mas a nação mais rica e poderosa da Terra.

3.2 POUPAR DINHEIRO SEM SOFRER

Apesar de poupar nem sempre ser fácil, ainda mais no início, não pode ser um peso. Poupar dinheiro sem sofrer é o segredo de uma vida financeira saudável. Nada que gera peso tende a ser sustentável e benéfico, o que não quer dizer que não sofreremos um pouco com a mudança de alguns comportamentos. Entretanto, tudo precisa ser saudável, ter um equilíbrio e ser decidido baseado na razão, não na emoção.

Poupar é um hábito. Começa como obrigação, mas se torna automático com o passar do tempo. Quando vencemos os dois primeiros meses, percebemos que somos capazes, e essa prática acaba se tornando algo prazeroso.

Após a decisão e êxito em juntar dinheiro, precisamos definir objetivos claros e reais. Defina o que você quer fazer com a quantia final e faça as contas de quanto terá de separar por mês para alcançar esse objetivo. Posso garantir que após três meses os 10% serão a menor das suas preocupações. Assim, conforme cada meta for alcançada, isso será um incentivo e motivação para poupar ainda mais.

Gastar dinheiro é sempre estimulante. Porém, gastar depois de conseguir juntar é um estímulo ainda maior, até porque com dinheiro à vista conseguimos bons descontos no mercado atual. Por isso, encare o ato de guardar dinheiro como se estivesse pagando por um bem ou serviço que você quer muito, como um tratamento estético, ortodôntico, um jantar em um restaurante incrível, uma viagem e assim por diante.

Outra opção para facilitar a poupança é programar transferências automáticas de sua conta bancária para outra conta ou para um investimento. Assim, você se forçará a economizar. Tenha em mente seus objetivos de longo prazo, como a economia para aposentadoria ou emergências, e seus sonhos de consumo de curto prazo, como uma viagem, por exemplo. Programe essa transferência para o dia seguinte ao pagamento do seu salário, dessa forma o valor passará a ser debitado da conta como se fosse qualquer outra despesa.

Além disso, você pode guardar o dinheiro que decidirá poupar em lugar de difícil acesso. Do contrário, poderá acabar caindo na tentação de usá-lo em momento de empolgação. Procure uma alternativa de aplicação que não tenha resgate imediato. Lembre-se: poupar é mais importante que investir!

3.3 TIPOS DE METAS PARA CURTO, MÉDIO E LONGO PRAZOS. COMO SE ORGANIZAR? SUGESTÕES PRÁTICAS

Sonhar é uma das maiores fontes de motivação na hora de poupar. Porém, antes disso, é necessário ter objetivos claros para o sucesso de um planejamento financeiro que nos levará a concretizar esses sonhos. Afinal de contas, teremos de fazer alguns sacrifícios e abrir mão de alguns hábitos de consumo hoje para realizar nossas metas amanhã.

Com a nossa lista de objetivos pronta, devemos acrescentar seus respectivos valores, fazendo o orçamento de quanto deverá custar cada coisa, além de aproveitar para estipular o grau de prioridade de cada um dos objetivos. Feito isso, devemos dividi-los em metas de curto, médio e longo prazos, para assim podermos nos organizar melhor e definirmos nossas estratégias para colocar tudo em prática.

Cada meta tem finalidade e prazo, e podem ser classificadas em:

3.3.1 METAS DE CURTO PRAZO

São aquelas que pretendemos realizar em menos de um ano. Por exemplo: uma viagem, a reserva de emergência, uma pequena reforma na casa, uma festa de aniversário em *buffet* e outros. Poupar para esse tipo de projeto implica em começar a juntar pequenas quantias mensais, e aqui, vale o quanto pudermos, mesmo que pareça pouco. O importante é sempre começar, e o quanto antes. Para guardarmos esse dinheiro, podemos, assim que recebermos nosso salário, transferir o que desejamos para uma poupança.

Veja na simulação abaixo como podemos aumentar substancialmente o pouco valor investido mensalmente em uma boa quantia:

POUPE! RESULTADO CURTO PRAZO				
MESES	$ POUPADO POR MÊS	SALDO MENSAL	TAXA DE JUROS AO MÊS	SALDO FINAL
JAN	150,00	150,00	0,77	151,16
FEV	150,00	301,16	0,77	303,47
MAR	150,00	453,47	0,77	456,97
ABR	150,00	606,97	0,77	611,64
MAI	150,00	761,64	0,77	767,50
JUN	150,00	917,50	0,77	924,57
JUL	150,00	1.074,57	0,77	1.082,84
AGO	150,00	1.232,84	0,77	1.242,34
SET	150,00	1.392,34	0,77	1.403,06
OUT	150,00	1.553,06	0,77	1.565,02
NOV	150,00	1.715,02	0,77	1.728,22
DEZ	150,00	1.878,22	0,77	1.892,68

Certa vez, um cliente comentou comigo que gostaria de conhecer a praia, mas, como era idoso e nunca havia conseguido ir até então, não se imaginava tendo essa oportunidade, uma vez que já havia alcançado a velhice e, portanto, tinha seus recursos muito mais comprometidos com o cuidado e manutenção da saúde, moradia e alimentação. Refizemos seu orçamento revisando conta por conta e descobrimos que, após os ajustes, sobrariam R$ 150 mensalmente. Após um ano, para a surpresa dele, a poupança daquele dinheiro rendeu cerca de R$ 1.900, uma quantia que tornou possível àquele senhor pegar o seu carro, reservar uma acomodação e, finalmente, conhecer a praia, com direito a boas refeições, incluindo peixes quase que diariamente. E o seu sonho, qual é? Seja qual for o tamanho, poupe mais, invista corretamente, seja firme com o seu objetivo até o final e tenha a certeza de que o resultado virá.

3.3.2 METAS DE MÉDIO PRAZO

São os objetivos que esperamos concretizar no período de um a cinco anos (isso pode variar de acordo com a idade). Pode ser a troca do carro, a reforma da casa ou uma viagem para o exterior, por exemplo. Para esses projetos, podemos estudar outros tipos de investimento com risco moderado, como fundos de ações, LCI/LCA, CDB/RDC (que discorreremos mais para frente), entre outros. Além de reservarmos uma quantia mensal, devemos aproveitar nossos ganhos eventuais, como

13° salário, participação em lucros, restituição do imposto de renda, e outros. Dessa forma, somos capazes de chegar mais rápido à quantia necessária para realizar o nosso objetivo. Outra dica é conferir periodicamente o orçamento doméstico e checar se existem gastos desnecessários que possam ser cortados para aumentar a quantia que poupamos. Em um dos aconselhamentos que dei durante minhas consultorias, propus a um jovem sonhador que juntasse dinheiro para comprar o seu primeiro carro, em vez de assumir um financiamento, já que, conhecendo a sua capacidade financeira, percebi que ele não teria condição de pagar aquele financiamento mais todas as despesas inerentes ao carro. Assim, fizemos a seguinte conta: o carro que ele desejava, na época, custava cerca de R$ 25 mil, e com este valor fizemos o cálculo de quanto ele poderia separar para a compra do carro e por quanto tempo. Veja abaixo o exemplo do sonho dele no "papel":

ANOS	$ POUPADO POR MÊS	SALDO MENSAL	TAXA DE JUROS AO ANO	SALDO FINAL
2014	6.600	6.600,00	9,67	7.238,22
2015	6.600	13.838,22	9,67	15.176,38
2016	6.600	21.776,38	9,67	23.882,15
2017	6.600	30.482,15	9,67	33.429,78

Poupar R$ 550 por mês é uma tarefa fácil? Talvez não. Mas e realizar um sonho? Qual jovem não gostaria de aos 20 anos ter seu próprio carro e, zero km? O segredo é esse. Escreva os seus sonhos anotando o valor que eles têm, e seja disciplinado. Invista mensalmente uma quantia que se tornará exponencial para o atingimento de seu sonho. A verdade é: você é capaz, sim, de conseguir realizar seus sonhos.

3.3.3 METAS DE LONGO PRAZO

São as que imaginamos realizar em, no mínimo, cinco anos (isso pode variar de acordo com a idade também). Alguns exemplos: faculdade do filho, compra de um apartamento, recursos para a aposentadoria, entre outros. Antes de mais nada, precisamos definir em quanto tempo queremos realizar nosso projeto e, a partir disso, buscar a melhor forma de poupar de acordo com o nosso perfil. Se você é do tipo que não pode ver uma reserva e já pega o dinheiro para viajar, prefira investimentos que podem ser considerados como uma conta mensal. A previdência privada é uma opção neste caso. Ela é apropriada para quem quer garantir uma renda mensal ao se aposentar e também para quem pode deixar o investimento por, no mínimo, 10 anos, devido ao benefício de ter um plano com a tabela regressiva, cujo imposto de renda cobrado chega a 10%. Entretanto, se você precisar resgatar com menos de dois anos, a alíquota pode chegar a 35%. Portanto, principalmente para investimentos de longo prazo, deve-se ter ainda mais atenção. Além disso, é necessário ficar atento às altas taxas de administração que a maioria desses produtos tem. Em alguns casos, essa taxa é tão alta, que reduz muito os ganhos com os rendimentos. Quando começamos a nos planejar e a ver os resultados, a experiência se torna um hábito. Portanto, antes de desistir, tente pelo menos por um ano. Afinal, o que está em jogo é a realização do que você considera importante para a sua vida.

A principal vantagem de especificarmos nossas metas e estabelecermos prazos para realizá-las é que, dessa maneira, conseguimos manter o foco e observar nossos resultados constantemente. Procure ser bastante claro e detalhista na hora de definir seus objetivos; desse modo, você tem a chance de traçar uma estratégia de realização bem mais eficiente.

Por falar em longo prazo, se você quiser ter R$ 1 milhão em 30 anos, sabe quanto é necessário guardar por dia? R$ 28. Sim, pode até parecer muito, mas se pergunte: para onde está indo a sua grana? O que você comprou com cerca de R$ 28 durante os dias deste mês? Não teria sido possível guardar alguns dias e ter gerado economia para nos mesmos 30 anos chegar a meio milhão de reais, por exemplo? Precisamos cada vez mais aprender a olhar para o futuro e nos planejarmos agora!

34 CINCO DICAS PARA ADMINISTRAR UMA GRANA EXTRA

Quem nunca pensou: "Ah! Se esse mês eu recebesse só mais R$ 1 mil reais...."? Um dinheiro extra sempre cai bem para todo mundo, a qualquer hora, principalmente aquele que não estávamos contando, como o dinheiro da restituição do IR ou quando encontramos aquela nota de R$ 100 no bolso do casaco, por exemplo.

Mas e se hoje você fizesse algum trabalho autônomo ou recebesse alguma bonificação em dinheiro, o que você faria com essa grana?

Separei algumas dicas que podem ajudar nessa decisão:

- Em primeiro lugar, se você tem dívidas, precisa pagá-las antes de qualquer outra coisa. Bom seria se essa grana aparecesse e pudesse ser usada de maneira livre, mas para que isso aconteça algum dia, você não pode estar devendo. Aproveite qualquer dinheiro extra para quitar parcelas e, quem sabe, liquidar suas dívidas. No Brasil, não existe nenhuma aplicação de renda fixa que tenha juros mais altos que os das dívidas, a não ser que você tenha adquirido dívidas "dentro de casa", tomando dinheiro emprestado de familiares que não lhe cobrarão juros. Nesses casos, vale a pena tomar emprestado e se beneficiar dessa ausência de juros. Tirando isso, é importante deixar claro que qualquer dívida comum tem juros muito mais altos do que os juros que as instituições financeiras pagam para ter o seu dinheiro aplicado. Portanto, fique alerta.

- Se você não tem contas básicas para pagar, mas tem, por exemplo, a parcela de um carro ou um financiamento de um imóvel, que tal usar esse dinheiro para adiantar o pagamento de uma dessas parcelas? Isso pode ser um alívio no futuro. Para isso, analise sempre quais juros são mais altos e se existem taxas de saída, ou seja, se o banco vai cobrar por você ter quitado o financiamento antes.

- Caso não tenha nenhuma despesa pendente, aproveite esse dinheiro para realizar seus objetivos financeiros planejados. Não confunda metas concretas com despesas momentâneas. Por exemplo: se você já estava juntando dinheiro para uma viagem, então essa é a hora de acrescentar a grana extra ao montante total e realizar essa meta; diferente de um desejo, antigo ou não, de ter um carro de luxo, sem estar se preparando para isso. É preciso ter foco, e por isso é tão importante estabelecer metas reais e segui-las.

- Aumente seus investimentos. Esse dinheiro pode ser aquela quantia-chave que estava faltando para você impulsionar as suas aplicações e investir em sua independência financeira.

- E, por fim, caso a grana não seja suficiente para algo "maior", aproveite para investir em pequenos prazeres, como um jantar com sua parceira (o), para uma tarde no *shopping* ou até mesmo um passeio diferente com a família. Tempo de qualidade nos ajuda e impulsiona a desempenhar melhor nossas outras funções.

Lembre-se: gaste o dinheiro extra de maneira que não comprometa o seu orçamento regular. Para gastarmos essa quantia, ela precisa ser realmente excedente em nosso orçamento, e não uma nova despesa.

3.5 COMO PLANEJAR FINANCEIRAMENTE O SEU CASAMENTO

Se há um sonho que a maioria das pessoas tem em comum é o casamento. Apesar de sabermos que o matrimônio não se resume ao dia da cerimônia, muitos se preparam financeiramente anos e anos para realizar esse anseio, que durará apenas algumas horas; e tudo bem gastar o quanto acharmos necessário, desde que saibamos lidar com os gastos necessários, que não são poucos, e nos planejarmos para esse momento. Do contrário, isso pode acabar se tornando uma experiência traumática.

Vale ressaltar que, dentro da realidade do casamento, a cerimônia religiosa e a festa acabam se tornando um detalhe diante dos gastos com moradia, móveis e tudo o que a nova vida a dois demanda. Com isso, não quero, de maneira alguma, colocar medo, menosprezar ou fazer com que uma cerimônia de casamento pareça algo distante da sua realidade. A minha intenção é apenas orientar você a respeito da importância do planejamento como um facilitador da sua vida enquanto noiva (o), além de mostrar como minimizar os problemas financeiros ainda no início da sua vida conjugal.

A seguir, alguns passos práticos para ajudar nessa fase:

3.5.| SOBRE A CERIMÔNIA / FESTA

- Definam um valor. Até que quantia vocês estão dispostos a investir na festa? Quanto vocês realmente podem pagar?

- Façam uma lista de convidados. A lista sempre terminará com mais que o número previsto de convidados. Essa é a hora de sentar e adaptá-la à sua perspectiva financeira.

- Todo serviço contratado precisa de formalização (mesmo se o fornecedor for seu amigo). Não deixem nada sem ser oficializado, e muito cuidado com pagamentos feitos com muita antecedência; financeiramente, isso pode ser positivo, mas fiquem atentos se a empresa tem uma boa reputação (já conheci muitas empresas que faliram e levaram todo o dinheiro de seus clientes).

- Além do valor inicial, separem uma quantia para emergências e gastos extras. Noivas sempre se lembram de algo que estava "faltando" nos últimos dias. Tenha dinheiro para esses detalhes.

- Tente se planejar o quanto antes para juntar o dinheiro. Com ele em mãos, fica mais fácil negociar e pedir descontos.

3.5.2 SOBRE A MORADIA

Já diz o ditado: "Quem casa quer casa". Seja aluguel, financiamento ou pagamento à vista, vocês precisarão arcar com as despesas mensais de uma moradia. O ideal é que o casal consiga se casar sem nenhuma dívida relacionada à festa e suas vidas de solteiro. Seria mais fácil. Mas nem sempre isso é viável na prática. Então, conversem sobre o estilo de moradia que vocês conseguem pagar com tranquilidade. Afinal, além das prestações, há também o condomínio, IPTU e as contas de água, luz e outras despesas extras e de sobrevivência.

Colocando tudo isso no papel, vocês conseguirão enxergar com mais clareza quanto vão precisar para realizar tudo e ainda bancar um lugar para morar. Só então começa o trabalho de poupar, especificamente, para a cerimônia de casamento. Quanto antes começar o planejamento, menor será o esforço de poupar e reduzir gastos. Respeitem o seu orçamento e reduzam ao máximo o consumo do casal nesse tempo. Porém, não permitam que a falta de dinheiro gere um desgaste que acabe com os momentos especiais.

- Casa própria

Muitos financeiros, se não todos, defendem que o melhor a se fazer se você tem uma quantia razoavelmente grande é investir, em vez de comprar uma casa própria. Eu, por outro lado, sou a favor de não apenas olhar através da ótica financeira, mas levarmos em consideração outros pontos tão ou mais importantes do que este.

Eu sou da opinião de que no Brasil todos deveriam ter pelo menos uma casa própria. Antigamente, na época dos nossos avós e pais, ter a sua própria casa, em um país que ainda estava se desenvolvendo bastante, fez com que muitas pessoas ganhassem mais dinheiro com a compra e a venda de imóveis do que aplicando essa quantia. Porém, hoje, a maioria dos financeiros projeta a compra da casa como uma perda de capital por causa do aumento exorbitante dos juros. Com esse crescimento significativo dos juros, o dinheiro aplicado começou a valer muito mais a pena, do ponto de vista financeiro, uma vez que o valor aplicado renderia juros sobre juros, os famosos juros compostos. O imóvel, então, que poderia sofrer até uma desvalorização momentânea, passou para segundo plano.

A explicação dos economistas é a seguinte: suponhamos que você tenha economizado R$ 500 mil para a compra de uma casa, mas decida aplicar esse valor no mercado financeiro, por exemplo. Em uma aplicação de renda fixa a 100% do CDI, R$ 500 mil renderiam cerca de 6,5% ao ano ou 0,5% ao mês, que significam cerca de R$ 2.500 mensais. O preço do aluguel no mercado brasileiro hoje custa de 0,3 a 0,5% do valor do imóvel por mês. Isso quer dizer que se você alugasse um apartamento de R$ 500 mil a 0,4%, por exemplo, pagaria R$ 2.000 mensais. Finança é matemática, ou seja, financeiramente falando, a opção mais rentável é alugar o apartamento, já que você teria cerca de R$ 500 ao mês com esta opção. Lembrando que você estaria alugando um imóvel do mesmo padrão que gostaria de comprar, portanto a comparação é justa. E esse valor era ainda mais alto quando a taxa Selic estava rendendo mais de 10% ao ano.

Além disso, se você tiver uma casa, mas não tiver seguro e ela pegar fogo, por exemplo, o risco de perder o investimento é muito maior.

Entretanto, para mim, vivemos em um país com altíssimas taxas de corrupção, instabilidade, crise de segurança e medo do que está por vir, porque, o tempo inteiro, o ciclo econômico, crise-estabilidade, está acontecendo, o que me faz chegar à conclusão de que, salvo exceções, você pode sofrer perdas com as instabilidades no País, mas o imóvel é algo que você não perderá. Independentemente do que acontecer, você ainda terá um lugar que é seu, pronto e acabou. É uma garantia e uma segurança.

Se você se endividar e tiver dinheiro aplicado, perderá aquele dinheiro. Se você se endividar e tiver uma única casa própria, não perderá o seu imóvel. São raríssimos os casos em que é possível perder uma casa própria, como quando você é fiador de alguém, prática que a Bíblia, inclusive, aconselha a nunca fazermos. Todavia, se você tem um dinheiro aplicado em renda fixa, seja no lugar que for, você perderá esse valor.

Isso sem contar que, se pararmos para pensar, a casa própria traz muito mais sobriedade nas decisões, afinal, é o local em que você mora. A decisão de vender uma casa para fazer um investimento ou assumir uma nova despesa é muito mais difícil do que a decisão de resgatar uma aplicação para investir em uma despesa extra, como uma viagem dos sonhos, por exemplo. Perceba como soa absurdo vender uma casa para realizar uma viagem que você está sonhando há muito tempo. Agora, com o dinheiro aplicado, é mais fácil nos pegarmos pensando: "Ah, mas eu tenho R$ 500 mil aplicados, vou sacar apenas 30 mil para viajar...". É muito mais simples se desfazer de uma aplicação financeira do que uma casa, por isso, pense bem.

É evidente que não pode ser ignorado o fato de que alguns imóveis não valorizam como antigamente, mas, em minha defesa, sustento que qualquer valorização que o seu imóvel sofrer, financeiramente, valerá muito mais a pena do que a diferença entre o dinheiro aplicado e o valor do aluguel, ou seja, de 0,1 a 0,2%. Isso porque, se o imóvel for realmente valorizado, o seu preço pode ser compensado ao final de dois, cinco, oito anos, e por aí vai. Não se esqueça: o mercado é cíclico. Então, o que hoje pode estar desvalorizado, amanhã pode estar em alta. Você não precisa terminar este livro e comprar uma casa. Se hoje o mercado imobiliário no Brasil está desvalorizado, espere alguns anos até se estabilizar novamente. Saiba estudar e aproveitar as oportunidades certas. E quando elas chegarem, saiba negociar. Negociar é sempre a melhor variável.

Por outro lado, talvez você não tenha R$ 500 mil e esteja se perguntando a respeito de um financiamento. Esse tipo de negócio tem juros muito altos e renderá a você 10, 20, 30 anos de parcelamentos. O meu conselho, se você não tem esse dinheiro agora, é ser muito disciplinado e poupar essa quantia. Você pode juntar pelo menos 50% do valor do imóvel e depois financiar o que faltar para não pagar muito juros. É uma opção também.

Infelizmente, aqui no Brasil, a maioria da população não tem a disciplina para poupar, então acaba se submetendo aos boletos de financiamento que chegam mensalmente, porque ainda que paguem mais caro, pelo menos terão um bem no futuro. A obrigação de pagamento acaba compensando a indisciplina de poupar, o que é bom e ruim ao mesmo tempo.

Com tudo isso, quero deixar claro que não desejo demonizar o mercado financeiro ou outras práticas já consagradas na cultura brasileira, mas, sim, trazer novas perspectivas para que você abra a sua mente e tenha a chance de escolher o que é melhor para a sua realidade.

Um livro que eu gosto muito e sempre indico é o *Pai Rico Pai Pobre*. Ele é extremamente bem recomendado e se tornou leitura obrigatória dos empreendedores, economistas e financeiros. A obra discute exatamente a respeito dos investimentos no mercado financeiro, empreendedorismo e afins. Entretanto, não podemos desconsiderar o fato de que esse livro foi escrito nos Estados Unidos, e a realidade deles é muito diferente da nossa. Lá, os riscos para investimentos no mercado financeiro ou para abrir uma empresa são baixíssimos. Na América do Norte, quem empreende faz um bem para a sociedade. Aqui, lamentavelmente, isso é distorcido, pois os empresários são mal vistos pela população, o que não é bem verdade, já que são eles que geram empregos e fazem a economia girar. No Brasil, não existe incentivo para se abrir uma empresa, pelo contrário, todos têm receio de fazer isso, porque, além dos altos riscos, é muito caro e burocrático. Portanto, apesar de valorizar a filosofia de livros como o *Pai Rico Pai Pobre*, precisamos analisar muito bem a aplicabilidade dessas ideias no Brasil.

Fora que, além desses argumentos, no meu ponto de vista, tudo o que conquistamos, seja através de compra ou herança, passamos a ter autoridade. Isso quer dizer que, espiritualmente falando, quando se trata de uma propriedade, por exemplo, passamos a ter autoridade sobre aquela terra e determinamos o que tem poder para acontecer ou não naquele local, o que para nós, cristãos, deveria ser extremamente importante.

Ou seja, apenas afirmar que a aquisição de um imóvel próprio não vale a pena, e que o investimento em aplicações é sempre a melhor opção, é uma perspectiva muito rasa e pobre.

3.6 DÓLAR ALTO VERSUS ENXOVAL. VALE A PENA?

Hoje em dia é muito comum pessoas guardarem dinheiro para investir em compras no exterior. Principalmente, quando o assunto é enxoval, seja de noivas ou bebês, já que esse tipo de prática se tornou a saída mais econômica para compra de produtos de alta qualidade. Tanto é verdade que há quem se questione se até mesmo com a alta do dólar, vale a pena comprar fora do País ou não.

De imediato, já respondo: vale a pena sim. Daqui em diante tratarei mais especificamente do caso dos bebês, mas a ideia central de se planejar vale para as noivas também. Fiz uma pesquisa recente e constatei que vários especialistas em compras no exterior afirmam que compensa, especialmente porque nos Estados Unidos existem vários produtos que ainda não estão à venda no Brasil. Sem contar que, se o dólar subir, os produtos importados no Brasil se tornarão ainda mais caros.

É claro que tudo passa pelo planejamento. Temos de colocar na ponta do lápis tudo o que precisamos e pretendemos comprar, a fim de fazer uma pesquisa de preços. Afinal, nem tudo vale a pena importar. Alguns produtos conseguimos comprar no Brasil pelo mesmo preço. Em contrapartida, o carrinho de bebê e os bebês-conforto, por exemplo, podem sair por bem menos da metade do preço nos EUA. Vale lembrar também que, nessas horas, tudo precisa ser considerado: o preço das passagens, qual seria o valor total de todos os produtos se adquiridos no Brasil e por aí vai.

Roupas também compensam muito. Enquanto um *body* básico no Brasil sai por R$ 35, você encontra a mesma peça por US$ 3, ainda que a cotação do dólar esteja a R$ 3,80, por exemplo. Só nisso há uma economia de praticamente R$ 24.

Seja como for, pesquise sempre para ter certeza da melhor opção para o seu bolso. No caso das compras fora do país, existem várias empresas que podem auxiliá-lo quanto a isso, por exemplo. Peça indicação para amigas e mães que já fizeram esse tipo de viagem. Algumas empresas até oferecem estadia gratuita para pais em compras de enxoval no exterior. Pesquise. Pegue dicas. Não saia comprando tudo só porque "está barato". Foque nos itens que você precisa, vasculhe as lojas e busque promoções. O mais incrível nisso tudo é que você pode economizar muito, fazer o enxoval e ainda viajar.

Na hora de pagar, o ideal é ter o dinheiro em *cash*, mas como nem sempre temos como pagar tudo de uma vez, considere no seu planejamento a taxa de IOF do cartão de crédito (atualmente em 6,38%). Uma dica: alguns bancos já possuem uma operação de compra de dólar no cartão de crédito, o que permite com que você ganhe os pontos das milhas e não sofra com a flutuação do câmbio, já que, na compra, você já pode travar o câmbio.

Antes de embarcar, confira o valor limite de isenção de impostos para compras feitas no exterior no *site* da Receita Federal. Em alguns países, você recebe de volta todo o imposto que pagou nas suas compras. Esse reembolso pode surpreender você. Não esqueça de se atentar em trazer somente o limite estabelecido pela Receita Federal brasileira, caso contrário, você poderá ter de pagar altas taxas de impostos (multas).

3.7 COMO PLANEJAR A CHEGADA DE UM FILHO

Um filho é sempre uma bênção, mas, além de necessitar de cuidados, demanda muito planejamento, afinal a partir dele a vida inteira da família mudará radicalmente. Hoje, descobrir uma gravidez é bem fácil e rápido, o que permite um longo período de planejamento, mesmo que tenha sido uma gravidez inesperada. Alguns casais conseguem planejar até antes de tentarem engravidar, o que é melhor ainda. Mas o planejamento a partir do momento em que se recebeu a notícia também funciona e muito. Passado o primeiro mês, com todas as confirmações e exames prontos, a família tem oito meses para se planejar. Para exemplificar como esse planejamento pode ser feito, contarei a experiência de um cliente.

Assim que descobriu que sua esposa estava grávida, recomendei ao meu cliente que procurasse se aconselhar a respeito dessa fase com familiares e amigos que fossem pais e tivessem o mesmo padrão de vida que o seu. Ele escolheu recorrer aos cunhados. Essa tática é extremamente inteligente e importante nesse processo. Por isso, procure cercar-se de pessoas com quem possa contar e que tragam auxílio nisso. Pergunte, tire suas dúvidas, pegue conselhos e dicas sobre absolutamente tudo, porque isso fará total diferença. Algo a ser reafirmado é que, nesses casos, o interessante é aconselhar-se e aproximar-se de pessoas que tenham o mesmo padrão de vida que o seu. Afinal, os gastos e visão serão parecidos. Imagine o quão discrepante seria se você se aconselhasse com amigos que têm como necessidade número um a contratação de uma babá desde o início do nascimento, por exemplo. Se isso não for uma prioridade ou o padrão de vida da sua família, assim como todo o resto, os conselhos não farão sentido nem serão aplicáveis à sua realidade. Portanto, alinhe as expectativas e tenha consciência das suas condições financeiras e prioridades.

Enquanto conversavam, os cunhados responderam que a média de gastos variava, mas se mantinha perto de R$ 300 mensais. Às vezes mais, às vezes menos. Sabendo disso, aconselhei o meu cliente a não esperar o neném nascer para poupar essa quantia, mas a começar a guardá-la logo após aquele encontro. Isso aconteceu no segundo mês de gravidez.

Eu o incentivei a tomar essa decisão por dois motivos:

- Para criar uma poupança para o bebê.
- Para que ele já se habituasse com esse tipo de gasto.

Ter filhos é uma mudança muito grande na vida de um casal. Quando chegam, o amor e a alegria são inexplicáveis, mas esse período também é muito estressante, corrido e cansativo. E por que ter estresse com dinheiro também se você pode se planejar antes? A melhor opção é se programar para acumular esses gastos e já ter grana durante a gestação para não ter outros problemas quando o bebê nascer.

A minha sugestão para esse cliente foi a de poupar os R$ 300 mensais, que, após o nascimento, renderiam um total de R$ 2.400, e guardar esse valor caso ocorresse qualquer eventualidade. Como já tinha se disciplinado para guardar R$ 300 durante a gravidez, o plano era continuar descontando esse dinheiro mensalmente para pagar os gastos básicos, e, se esses R$ 300 não fossem suficientes, ainda teria os R$ 2.400 para gastar.

Quando sua primeira filha nasceu, a média de gastos realmente era de R$ 300, e como nenhuma eventualidade aconteceu, ele acabou nem gastando os R$ 2.400. Entretanto, apesar de ter poupado igualmente para a sua segunda filha, precisou gastar os R$ 2.400, já que ela nasceu com uma alergia à proteína do leite. A dieta que a bebê precisava prescrevia um leite especial que, na época, custava um pouco menos de R$ 200 a lata e durava seis dias. Durante oito meses, sua filhinha precisou do leite especial, o que somava mais de R$ 600 mensais só com essa despesa.

Após o oitavo mês, ela parou de se alimentar com aquele leite e passou a tomar outro que custava R$ 120 a lata. Felizmente, depois de três meses após começar a tomar o leite mais barato, o quadro alérgico da neném se alterou e ela pode tomar leite normal. Financeiramente falando, o meu cliente precisou de mais ou menos 11 meses para começar a ter a vida de gastos normalizada. Até aquele momento, ele estava desembolsando muito mais do que os R$ 300 mensais. E é exatamente em momentos assim que percebemos a importância do planejamento.

Lembrando que, no planejamento, temos como prever os gastos básicos, mas não as doenças, como a dessa menininha. No caso, como o meu cliente havia poupado, mesmo ela tendo esse problema, a família não precisou mudar o padrão de vida ou se endividar, porque haviam se planejado.

3.8 É POSSÍVEL VIAJAR EM TEMPOS DE CRISE?

Muitos se questionam se é possível ou viável fazer uma viagem mesmo em tempos difíceis como os que temos vivido no Brasil. A resposta pode soar clichê e até repetitiva, mas: sim, se houver planejamento. É possível viajar em qualquer época do ano, independentemente do salário que você ganha, do valor de cotação do dólar, de quantas pessoas há na sua família ou quaisquer outros poréns. Mas, como digo e repito, tudo precisa passar pelo planejamento.

Planejar uma viagem vai muito além do financeiro, envolve detalhes que podem ajudar a encontrar as melhores oportunidades para aproveitar ao máximo e também economizar ao máximo. O meu conselho para alguém que pretende viajar é pagar tudo antes para não voltar com dívidas. Geralmente, as pessoas viajam em período de férias e se esquecem que no mês seguinte não receberão o salário completo, ou pior, aqueles que precisam produzir para gerar sua própria riqueza ficam sem ganhar nada. Precisamos reservar uma parte para pagar as contas. Nós tiramos férias, as contas, não. Caso opte por dividir a passagem área, termine de pagar as parcelas antes mesmo de embarcar. Separe o dinheiro que usará durante a viagem com passeios, alimentação, compras e separe também uma quantia para imprevistos.

Como fazer isso? O primeiro passo é levantar os valores, fazendo um orçamento de cada despesa. Em segundo lugar, definir um limite de gastos, e, então, começar a poupar para viajar. Mas a lógica é simples, em vez de gastar tudo o que pode e não pode, e pagar na volta, organize-se como se já tivesse gastado e guarde esse dinheiro. Com ele em mãos, você terá até mais facilidade para negociar valores em casos de compras, como já comentamos aqui outras vezes. Veja pelo exemplo abaixo como seria um orçamento para uma viagem:

VIAGEM DE FÉRIAS - 10 DIAS			
ITENS	VALOR ORÇADO	OBSERVAÇÃO	STATUS
PASSAGENS	R$ 4 MIL	2 ADULTOS E 2 CRIANÇAS - PAGO EM 6X	PAGO
HOSPEDAGEM	R$ 3.200	CASA (2 QUARTOS) TRANSFERÊNCIA OK	PAGO
ALIMENTAÇÃO	R$ 1.540	REFEIÇÃO: ADULTO R$ 30 | CRIANÇA R$ 20	OK
TRANSPORTE	R$ 450	UBER + TAXI + VANS E ÔNIBUS DE PASSEIO	OK
PRESENTES	R$ 200	LEMBRANÇAS PARA FAMÍLIA	OK
LAZER	R$ 1 MIL	PASSEIOS A OUTRAS PRAIAS E PARQUES	OK
SEGURANÇA	R$ 300	PARA ALGUMA EVENTUALIDADE	OK
TOTAL	R$ 10.690	R$ 7.200 JÁ PAGOS. R$ 3.490 À PAGAR	OK

Este modelo de orçamento de viagem nem sempre é compatível com a realidade de todo mundo, mas serve para ilustrar que há como prever antecipadamente uma viagem e voltar dela apenas relaxado, sem qualquer conta para pagar.

Para os que vão para o exterior, comecem a comprar dólar ou outra moeda mensalmente. Assim, será possível comprar na média, driblando os meses que ela estará mais alta e compensar os meses que estará mais baixa. Essa é sempre a melhor opção.

Além da parte financeira, separe um tempo para planejar o roteiro da viagem, isso é fundamental. Temos de ter noção do que queremos fazer para sabermos quanto gastar. Planejar é isso: prever uma despesa. Assim, reduziremos as chances de gastar além da conta. Pesquise sobre o local para onde você está indo, dicas de passeios interessantes naquela região, coloque tudo no papel e veja se cabe ou não dentro do seu orçamento.

Não adianta fazer uma ótima viagem e viver atolado depois que ela acabar. Curta as suas férias em paz e com a segurança de que está assumindo compromissos com o que realmente pode arcar.

No mais, boa viagem!

3.9 DÁ PARA VIAJAR PARA A DISNEY GANHANDO POUCO?

Não é novidade que muitos têm o grande sonho de conhecer os parques do Walt Disney World, em Orlando, Estados Unidos. Entretanto, por se tratar de uma viagem internacional, muitas pessoas se intimidam e acabam colocando esse sonho de lado pensando ser impossível realizá-lo. Foi em razão disso que separei algumas dicas e conselhos para que a sua viagem para Orlando, de fato, aconteça, e, o melhor de tudo, sem dívidas.

Para nos organizarmos é preciso:

- Sonho / Desejo
- Orçamento
- Compra de dólar
- Farol
- Acompanhamento

Tudo começa com o sonho, com aquele desejo que nasce dentro de nós, porque é ele que nos impulsionará e dará força para alcançarmos os nossos objetivos, que, nesse caso, é a viagem.

O segundo passo é o orçamento, que também é muito importante. Adote caneta e papel ou uma planilha e escreva quanto a viagem custará. Faça isso nos mínimos detalhes. Comece pesquisando na *internet* quanto custam as passagens de ida e volta. Nunca compre apenas um trecho, é sempre mais caro. Cheque em *sites* de milhas se elas estão valendo a pena. Caso estejam e você tenha essas milhas, nem precisará gastar dinheiro com isso. Após as passagens orçadas, é hora de pesquisar a hospedagem. Uma dica é sempre checar os valores de aluguel de casas, porque às vezes elas são mais baratas que hotéis. Assim que descobrir esses preços, volte para a planilha e multiplique o valor da diária pelo número de dias que deseja ficar por lá. Lembrando que, por enquanto, ainda estamos sonhando e planejando.

Em seguida, precisamos colocar no papel o que queremos gastar lá. Pergunte a si mesmo: "Que parques eu quero conhecer? Quanto de roupas e bens eu quero comprar? Quero eletrônicos novos? Que outros tipos de lazer eu quero?".

Apesar de a *internet* conter quase todas as informações que precisamos, sempre aconselho aos que querem viajar a procurarem amigos que já viajaram para o mesmo lugar que você deseja ir, e conversar sobre valores e lugares para visitar. É importante não se esquecer de procurar amigos que tenham um padrão de vida mais ou menos parecido com o seu. Se você tem um orçamento limitado, não adianta pedir dicas para amigos ricos, por exemplo, porque o estilo de vida é incompatível. Ao sentar para conversar com essas pessoas, pergunte quanto elas gastaram com comida, roupas, estadias em hotéis, aluguel de carro, entre outras coisas.

Feito isso, é importante separar o lazer, apesar de ele ser fácil de calcular. Basta saber quantos dias você pretende ficar no país e divida esses dias em parques, compras em dias livres e outras coisas que você deseja fazer. Então, some todos os gastos: passagens, hospedagem, transportes terrestres, alimentação, passeios/parques e compras.

Após somar essa quantia, separe também um dinheiro extra para segurança. Imprevistos acontecem e você precisa se planejar para isso também. Caso não precise utilizar essa grana para imprevistos, quando faltar um ou dois dias para o final da viagem, você pode pegar essa quantia e gastar como quiser, quem sabe até para comprar os presentes para familiares e amigos.

Com os valores listados e o roteiro de viagem já pré--definido, precisamos nos preparar para a compra de dólares. Existem algumas opções de compra, mas o ideal, e o que sempre aconselho, é comprar a moeda mensalmente para diminuir o risco de aumentar muito e, mesmo se cair, pelo menos compramos a um custo médio e podemos finalizar a compra com o valor mais baixo. No caso, a ideia é se programar para comprar nos meses que antecedem a viagem. Por exemplo, se for viajar daqui a um ano, você terá 12 meses para comprar os dólares.

O próximo passo é o farol, que é a mesma coisa de *rolling forecast*, que, como vimos, é uma atualização em nosso orçamento. Ou seja, nesse caso, suponhamos que após termos feito o orçamento, conforme formos comprando os dólares, descobrimos que a moeda ou que a passagem aérea que não compramos ainda subiu. Quando fizemos o orçamento o preço era outro, mas agora que temos o dinheiro para comprar ou que acabamos de fazer o orçamento completo, a passagem ou a moeda mudaram de valor. Nesse caso, precisamos voltar na planilha e atualizar. Este é o farol, ou *rolling forecast*, um *follow up* do orçamento, que precisa acontecer constantemente para não sermos pegos de surpresa. Esse acompanhamento é importante também porque nem sempre os preços vão subir, eles podem descer, e são nesses momentos que precisamos estar atentos para conseguir economizar.

E quando devemos fazer o farol? Durante o orçamento ou após finalizá-lo? Tanto na primeira versão do orçamento, quanto quando ele estiver pronto e começarmos a fechar tudo a respeito da viagem (hospedagem, passagens, carro, etc.) é o momento de fazermos o farol. Em outras palavras, ao longo das compras vamos ajustando e atualizando o orçamento. Porém, o mais importante é ajustarmos o orçamento à nossa realidade. Seja US$ 5 mil dólares, US$ 20 mil ou R$ 1 mi, você precisa entender e ajustar a viagem à sua realidade. É extremamente importante seguir o orçamento que nos propusemos fazer.

Depois de finalizarmos o orçamento e ajustarmos os valores, é hora de poupar. O que você precisa se perguntar é: "Quantos meses eu preciso para juntar x mil dólares?".

Por exemplo:

ORÇAMENTO PARA VIAGEM	R$ 10 MIL
CONSIGO GUARDAR POR MÊS	R$ 1 MIL
DAQUI 10 MESES POSSO VIAJAR	

Com tudo orçado e planejado, comece a comprar. É possível pagar à vista se tiver aquela quantia determinada, ou pagar parcelado se não tiver juros e não ultrapassar a data de viagem. É muito ruim voltar de uma viagem com infinitas contas para pagar. O planejamento pressupõe essa previsão, o que facilita com que consigamos visualizar tudo antes. Então, junte o dinheiro, pague à vista ou parcelado, desde que seja até a data da viagem, porque quando voltar, "vida que segue... toca o barco".

Quando o dia tão sonhado da viagem chegar, tudo o que você precisará fazer é aproveitar, e, de vez em quando, dar uma olhadinha no orçamento para acompanhar. Uma sugestão que sempre funciona muito bem é fazer uma lista com o nome de cada membro da família que está viajando com você, o que cada um quer comprar e quanto podem gastar. Os gastos não podem ser sem controle. Tudo precisa ter sido planejado. Sendo planejado, vale tudo. Se a sua filha de 20 anos, por exemplo, quiser gastar todo o dinheiro separado para ela comprando dez botas iguais, ela pode. Desde que não ultrapasse o limite preestabelecido no orçamento. Se estiver planejado, ela terá dinheiro para isso, e como ela gastará essa quantia, a decisão é dela. O ideal é ir acompanhando o orçamento a cada três ou cinco dias na viagem, dependendo da quantidade de dias que ela durará.

Acompanhar o orçamento é importante para não gastarmos mais do que o planejado. Nesses momentos é importante ter sobriedade, porque muito provavelmente surgirão uma série de coisas extras que você gostaria de comprar, mas não se planejou, e aí mora o perigo. Se você gastar mais que sua realidade permite, poderá ter grandes problemas e a viagem pode se transformar em um caos. No mais, é isso, feito o acompanhamento diariamente, a cada três dias, a cada cinco dias, dependendo da quantidade de dias da viagem, você vai acompanhando e gastando até aquele limite.

PAI (R$ 1 MIL)	MÃE (R$ 1 MIL)	FILHO 1 (R$ 1 MIL)	FILHO 2 R$ 1 (MIL)	COMIDA (R$ 4 MIL)	CASA (R$ 2 MIL)
CASACO	BOTA	CELULAR	CALÇA JEANS	MERCADO	ESTADIA
MOCHILA	SUÉTER	BOTA			
		CASACO			
		REGATA			

Fora isso, é imprescindível fechar um seguro antes de viajar. Já conheci histórias de mulheres que estavam grávidas de seis meses, viajaram para os Estados Unidos e, obviamente sem terem planejado, o bebê acabou nascendo prematuro no exterior. Como os custos de hospital nos Estados Unidos são caríssimos, o casal teve de vender a casa aqui no Brasil para pagar a dívida no exterior. Por isso, não faça uma economia burra. Seguro é importante e pode poupar muita dor de cabeça. Porém, antes de fechar um seguro, certifique-se de que o seu cartão de crédito não cobre despesas de hospital, médico e medicamentos. Muitos possuem essa cobertura, então não é necessário bancar a parte. Leia, informe-se e tenha ótimas férias.

3.10 MILHAS VERSUS PONTOS DO CARTÃO

Já pensou em viajar e não pagar pela passagem aérea? Em alguns casos, as passagens são os itens mais caros de uma viagem, e, muitas vezes, isso acaba barrando a experiência de muitos, que decidem procrastinar ou optam por lugares mais acessíveis financeiramente. Entretanto, hoje em dia é possível viajar sem "pagar" pelo trajeto aéreo. Mas vale lembrar que essas dicas são para aqueles que têm um controle financeiro e usam o cartão de crédito de maneira consciente e planejada. Se você não é essa pessoa, aproveite para ler e tomar nota de que existem muitos benefícios quando temos uma vida financeira saudável.

Uma dessas grandes vantagens é usar os pontos que o cartão de crédito nos dá em troca de milhas para viagens. Praticamente todas as companhias aéreas oferecem programas de milhagem, também conhecidos como fidelidade, que permitem aos clientes acumularem pontos que podem ser trocados posteriormente por passagens aéreas. Cada companhia tem o seu programa e regulamentação, para isso é necessário ler mais a respeito e descobrir o que mais compensa para você. Feito isso, é preciso realizar um cadastro gratuito no *site* da companhia aérea de sua preferência, e, a partir daí, com o número de registro que é gerado naquele programa, você começa a pontuar.

Existem várias formas de acumular pontos, seja por empresas parceiras das companhias aéreas, supermercados, *sites* de compras *online*, mas o cartão de crédito ainda é uma das maneiras mais fáceis de pontuar. É evidente que cada cartão tem suas regras de pontuação e transferência de milhas. Mas é necessário checar. Quase todos os cartões de crédito oferecem como benefício a possibilidade de converter os valores gastos em milhas. Em alguns casos, você ganha ao fazer compras ou ao pagar a fatura do cartão.

Uma dica importantíssima a respeito disso é ficar atento às promoções. Alguns trechos podem ser trocados por menos pontos e, em alguns casos, você consegue acumular mais do que o normal.

A seguir, algumas outras dicas práticas para desfrutar dos benefícios dos pontos e viajar de graça pelo mundo:

- Negocie com o seu gerente o não pagamento da anuidade do cartão ou procure um cartão que não tenha essa taxa.

- A boa relação entre a sua despesa e a pontuação é de 1,5 x, ou seja, a cada um dólar gasto em despesas (a conversão é feita automaticamente de R$ para U$), você ganha 1,5 pontos.

- Estes pontos podem ser convertidos em produtos, como geladeiras, televisores, roupas, e uma lista infinita de itens. Já existem postos de gasolina que aceitam os pontos como pagamento pelo combustível. Alguns cartões permitem até que você use os pontos para abater o valor da fatura.

- Fique atento à validade dos pontos para não perder nenhum. Há ótimos aplicativos para controle dessas milhas, procure em *sites* de busca e informe-se melhor a respeito disso.

3.11 FINANCIAMENTO VERSUS CONSÓRCIO DE IMÓVEL

Entre um financiamento ou um consórcio de imóvel sempre surge a dúvida de qual opção é a melhor. Mas vale lembrar que quem conseguiu chegar até aqui poupando tem grandes chances de aproveitar muito mais as oportunidades.

Para muitos, o consórcio pode ser uma forma de realizar um sonho. É uma prática muito comum que se propõe a ser uma alternativa barata para financiar imóveis, automóveis, viagens e, hoje em dia, até produtos de beleza. Basicamente, o consórcio é uma forma de adquirir bens ou serviços de maneira parcelada e sem juros, acumulando os pagamentos até o momento da contemplação do bem ou serviço através de um sorteio. Como o sorteio não tem previsão, essa modalidade é recomendada para os que estão dispostos a esperar.

Já o financiamento é para quem tem pressa de adquirir o que deseja. Essa modalidade funciona através da apresentação de documentos específicos para um banco, que pode escolher se financiará parcial ou completamente a compra do bem. Aprovado o financiamento, o banco fará o pedido de uma carta de crédito, documento que consta o valor que o banco efetivamente disponibilizará para o cliente.

[1]Pesquisas recentes feitas pelo índice FipeZap, que monitora o preço médio de venda dos imóveis residenciais em 20 cidades brasileiras, mostram uma queda considerável no valor dos imóveis, o que acaba resultando em um benefício muito maior para aqueles que podem comprar à vista. Para quem ainda não pode, fica a dúvida sobre qual a melhor maneira de adquirir um imóvel.

Obviamente, não posso deixar de mencionar que, seja qual for a sua opção, o planejamento é fundamental. Você precisa incluir os gastos que terá com um imóvel no seu orçamento.

---

[1]https://oglobo.globo.com/economia/preco-de-venda-de-imoveis-residenciais-
-tem-queda-real-de-314-em-2018-23040697

A maioria dos especialistas defende o consórcio como uma modalidade mais interessante, considerando que no financiamento existem taxas de juros. Outra vantagem, além da ausência de juros, é poder contar com o [2]saldo do FGTS para oferecer um lance maior no consórcio e a possibilidade de usar parte do crédito para pagar despesas, como registros no cartório, tributos, entre outros. Vale ressaltar que o consórcio é indicado para aqueles que não precisam do imóvel de imediato, uma vez que só é possível conseguir o resgate muitos meses ou até mesmo anos depois, o que é uma desvantagem. Entretanto, é uma boa opção para quem não consegue poupar e acaba sendo forçado a fazer através dessa modalidade. É o tipo de situação que precisa ser analisada em conjunto com o perfil de quem vai comprar.

Se você optar pelo consórcio, escolha uma administradora recomendada pelo Banco Central do Brasil. Leia o contrato e peça orientação para uma avaliação mais precisa desse contrato. Fique atento às taxas de administração, isso faz muita diferença.

---

[2]O Fundo de Garantia do Tempo de Serviço (FGTS) foi criado com o objetivo de proteger o trabalhador demitido sem justa causa, mediante a abertura de uma conta vinculada ao contrato de trabalho. No início de cada mês, os empregadores depositam, em nome dos empregados, o valor correspondente a 8% do salário de cada funcionário. O FGTS é constituído pelo total desses depósitos mensais e os valores pertencem aos empregados que, em algumas situações, podem dispor do total depositado em seus nomes.

³Um comparativo feito pelo Portal Uol, publicado em 2015, propôs a compra de um imóvel de R$ 500 mil como exemplo. Para os cálculos, consideraram um custo de financiamento de 11% ao ano. Além disso, os custos do consórcio foram: taxa de administração de 17% (dividida pelo prazo total do consórcio), fundo de reserva de 1% (também considerado o prazo integral da modalidade) e correção pelo Índice Nacional de Custo da Construção (INCC) de 5% ao ano. Valores abalizados pela Associação Brasileira de Administradoras de Consórcio (Abac).

A conclusão foi que o consórcio saía mais barato que o financiamento tanto pelo SAC quanto pela tabela PRICE. O financiamento pelo sistema SAC tem um custo adicional de R$ 47.536,73 (6,41% mais caro que o consórcio). Já o financiamento pela tabela PRICE custa R$ 65.499,31 (8,83% mais caro que o consórcio).

Por outro lado, o financiamento é uma opção para quem precisa de um imóvel de imediato e não pode ficar à mercê do consórcio. Mas, como comentei, o ideal mesmo é juntar o máximo de dinheiro possível para precisar menos deste tipo de modalidade de empréstimo. Fazendo isso, você ficará livre dos juros do financiamento ou da taxa de administração, no caso do consórcio, além de poder negociar um desconto.

---

³https://economia.uol.com.br/financas-pessoais/noticias/redacao/2015/02/06/consorcio-x-financiamento-qual-e-o-mais-barato-para-comprar-a-casa-propria.htm

3.12 RENEGOCIAR UM FINANCIAMENTO

Ter um carro ou uma casa própria ainda é o sonho de muitas pessoas. Mas nem todo mundo consegue adquirir um bem pagando à vista. Porém, com tantas facilidades para se obter um empréstimo ou crédito pessoal, muitas pessoas acabam passando dos limites, comprando o que não podem, e acabam se endividando depois. Muitos financiam o sonho de um carro, por exemplo, e se esquecem que junto dele vem outras despesas também, como combustível, seguro, mecânico, e assim por diante. O financiamento pode até ser uma boa opção em alguns casos, mas acaba deixando a maioria que não se planeja no vermelho. É por esse motivo que o índice de inadimplência no Brasil está cada vez mais alto, principalmente em relação ao financiamento de veículos.

Entretanto, é possível renegociar essa dívida. O fundamental em todas as situações é perceber, aceitar quando as coisas não estão indo tão bem, e procurar uma solução. E, ao contrário do que muitos pensam, não espere acumular muitas parcelas vencidas para, então, buscar uma solução. A partir do momento em que entender que terá dificuldades para arcar com os boletos futuros, solicite a renegociação. Quanto menor a dívida, melhor.

Para essa renegociação você tem algumas opções:

- Pedir reescalonamento das parcelas, que nada mais é do que refinanciar o saldo devedor em um prazo mais extenso. Assim, você ganha na redução do valor de cada parcela, o que facilita, em teoria, o pagamento dentro do prazo. É claro que, sendo assim, seu custo de dívida se torna mais alto.

- Fazer a troca por um novo financiamento para um carro de valor menor. Esse tipo de transação é chamada de transferência do gravame de um mesmo contrato.

- Renegociar trocando de banco, ou seja, fazendo uma portabilidade de crédito para conseguir juros mais baixos que o financiamento atual.

- E não se esqueça de levar em mãos os documentos que comprovem a sua situação de dificuldade no momento; eles podem ajudá-lo durante o processo de renegociação.

3.13 PARTICIPAÇÃO NOS LUCROS

Uma ou duas vezes ao ano (em alguns casos pode ser até mais), algumas empresas costumam pagar aos seus funcionários a famosa Participação nos Lucros e Resultados (PLR). Isso funciona como um bônus, algo a mais. Trata-se de um pagamento de natureza não salarial que é ofertado pelo empregador, e negociado com uma comissão de trabalhadores da empresa, de acordo com o resultado (lucro) obtido.

Porém, em virtude da recessão financeira que vivemos em nosso país, o resultado de muitas empresas não tem sido mais tão positivo e, por isso, esse benefício acabou sendo cortado.

O problema é que muitos funcionários, acostumados a receber esse dinheiro "extra", acabaram assumindo compromissos e contando com esse benefício. Mas o dinheiro não veio, e a tendência é que não venha nos próximos dois anos, dependendo de cada segmento e do que acontecer no cenário político.

Algo que precisamos ter consciência é que dinheiro extra é para gastos extras. Não se pode fazer uma dívida contando com um bônus que não seja 100% seguro de receber. Tome cuidado. Fique atento e controle as suas despesas mensais de acordo com a sua remuneração fixa. Quem não recebe um salário fixo, por exemplo, no caso dos corretores que cada mês recebem um valor, sugiro o planejamento para gastar a média dos seus últimos três salários. Não conte com quantias vindas de benefícios. Esse dinheiro pode e deve ser usado para quitar alguma dívida pendente, e, caso não tenha nenhuma, pode ser usado para comprar algo que você já estava se planejando, para um passeio diferente e, por que não, investir?

PARTE 4

GANHAR MAIS TRABALHANDO MENOS

4.1 TER COMPROMISSO É O QUE GARANTE O SUCESSO DO SEU INVESTIMENTO

Como a fórmula para fazer dinheiro e se tornar rico ainda não foi criada, o que nos resta é ter compromisso com as nossas finanças. Esse é o segredo para quem quer fazer a grana render.

Pergunte a si mesmo:

1. Eu estudo o investimento que tem mais a ver com o meu perfil e fico atento às oportunidades?

2. Eu entendo de onde vêm os ganhos dos meus investimentos?

3. Tenho consciência da importância de investir a curto, médio e longo prazos e, por isso, deixo de

mexer no dinheiro que está investido para não afetar os meus rendimentos?

4. Eu organizo os meus gastos a fim de poupar e conseguir investir ainda mais no final de cada mês?

5. Nenhum dos meus investimentos de renda fixa tem resultado líquido igual ou inferior à poupança?

6. Eu consegui entender que colocar dinheiro na poupança é perder dinheiro e, portanto, não invisto mais nessa modalidade?

7. Eu me comprometo a investir pelo menos x reais por mês e sei quanto isso poderá me render daqui a x anos?

8. Não uso o cheque especial nem pago menos do que o valor integral do cartão de crédito?

Respondidas essas questões, o que entra em cena é o seu compromisso com a disciplina e a paciência. Muitas variáveis podem contribuir ou não para o sucesso de seu investimento, e além das perguntas acima, pontuei algumas dicas que podem ajudar ainda mais nesse processo de enriquecimento:

- Saiba qual é o seu perfil de investidor — Quanto está disposto a perder? Você sabe lidar com perdas?

Saberia administrar os seus lucros? Antes de mais nada é necessário saber quem você é, conhecer a si mesmo e entender o seu perfil para, então, decidir qual investimento é o mais adequado para você. Não se esqueça de que para isso é preciso estudar os tipos de investimento também.

- Estabeleça metas financeiras — Você precisa saber qual é o destino dos recursos investidos. Para onde vai o dinheiro que você ganhará? Em quanto tempo precisa dele em mãos? Quanto precisará investir para ter a rentabilidade desejada?

- Quanto tem disponível? — Dependendo do valor que você tiver para investir, talvez seja necessário mudar a estratégia de aplicação. Isso irá variar de acordo com o tempo e com a rentabilidade de cada aplicação. Analise cada caso, estude antes, planeje.

- Informe-se e estude! — Talvez um dos grandes segredos do sucesso esteja ligado ao seu nível de informação e conhecimento. Você sabe quais são as alternativas de investimento disponíveis no mercado? Qual se encaixa melhor ao perfil de suas necessidades? Gaste tempo aprimorando os seus conhecimentos antes de sair aplicando o seu dinheiro. É preciso estudar e se dedicar para entender melhor como esse mercado funciona. Sem esforço e empenho da nossa parte, não podemos querer ter a pretensão de chegar muito longe. Como tudo na vida, se queremos ficar ricos, precisamos correr atrás e fazer por onde.

- **Respeite o tempo!** — Analise o tempo que tem para dedicar aos seus investimentos. Você precisa dispor de algumas horas do seu dia para tomar suas decisões financeiras. Não tome nenhuma decisão às pressas e cuidado com ofertas que prometem grandes retornos, já conheci pessoas que perderam fortunas por excesso de ambição e desinformação.

E, uma última dica: que tal anotar em um papel o que você deve fazer para ter sucesso nos investimentos, e deixar em algum lugar visível para que se lembre deles constantemente? Uma recomendação que sempre dou é a respeito da importância de se anotar tudo. Anote suas metas, sonhos e objetivos. Você se surpreenderá com o poder que isso tem.

4.2 BANCOS TRADICIONAIS VERSUS COOPERATIVA DE CRÉDITO

Com a remuneração dos investimentos cada vez menor nos bancos tradicionais, as cooperativas de crédito têm se levantado como a melhor opção, se compararmos as duas. Porém, antes precisamos entender o que é uma Cooperativa, quais os principais produtos que ela oferece e como fazer para ser um associado.

Cooperativa é uma instituição financeira formada por uma associação de pessoas voluntárias que prestam serviços financeiros aos associados, que são ao mesmo tempo donos e usuários dela. Nas cooperativas de crédito, os membros encontram os principais serviços disponíveis nos bancos comuns, como conta-corrente, cartão de crédito, aplicações financeiras, empréstimos e financiamentos, entretanto esse tipo de instituição não visa lucros. Por ser uma instituição independente, os associados têm participação e peso iguais nos votos e decisões, além de contarem com um atendimento personalizado de acordo com a sua necessidade.

Resumidamente, enquanto os bancos buscam lucro (o que é justo), uma cooperativa busca custos menores para os associados, e o que sobra é repartido entre eles. Esta última opção acaba se tornando boa, porque, além de os membros serem donos de uma parte do negócio e terem garantia de até R$ 250 mil por CPF em caso de falência, como acontece com os bancos, ela assegura menor custo para os tomadores de crédito, com taxas reduzidas e menores números de tarifas em relação ao mercado financeiro. Além disso, o crédito é orientado e acessível, em função do relacionamento entre o associado e a cooperativa, os níveis de inadimplência são muito baixos, dada a forma de concessão do crédito orientado e de baixo custo, e as taxas de aplicação são melhores. Isso sem contar a oferta de produtos e serviços financeiros, que são voltados para os interesses dos associados.

Fazendo um comparativo entre bancos tradicionais (os cinco únicos grandes bancos que operam no País) e cooperativas, quanto às modalidades operacionais, esta última acaba sendo mais vantajosa porque além de a maioria dos serviços serem os mesmos, como comentei, depósitos, empréstimos (capital de giro/ antecipação de recebíveis/ cheque especial), cartões de crédito, aplicações financeiras, poupança, aplicativos mobile, caixas eletrônicos e outros, apenas nas cooperativas há participação nas decisões da instituição, gestão democrática, distribuição de resultados (dividendos e sobras), retenção de recursos financeiros na comunidade, crescimento coletivo, transparência na gestão, e você é dono de uma parte do negócio.

4.2.1 ONDE É MELHOR INVESTIR?

A taxa de serviço de um correntista simples em um banco tradicional custa em média R$ 30, enquanto em algumas cooperativas esse custo é zero ou a taxa cobrada é um investimento obrigatório que acaba retornando para você. Ou seja, cobram R$ 10, por exemplo, mas esse dinheiro entra como investimento, e o que render é seu.

O que pretendo comparar aqui não é o tipo de investimento em si, e sim a média de rentabilidade. Se considerarmos um bem tradicional, como um Certificado de Depósito Bancário (CDB), que no caso das cooperativas recebe a sigla RDC (Recibo de Depósito Cooperativo), enquanto os bancos tradicionais pagam cerca de 85% do CDI, as cooperativas chegam a pagar acima de 100%, por exemplo.

Tanto os bancos como as cooperativas de crédito são instituições financeiras reguladas pelo Banco Central. Mas existem algumas diferenças que precisam ser consideradas quando o assunto é investimento.

Os bancos tradicionais são sociedades de capital. O usuário é um cliente. Quem tem mais poder e ações é quem manda. Na tomada de decisões, o usuário não influencia nos produtos ou na precificação. Além disso, os bancos crescem por meio de competição.

Já as cooperativas são sociedades de pessoas. O usuário é um associado, um dos donos. Cada associado tem um voto e todos os votos têm o mesmo valor. Na tomada de decisões, todos participam do veredito da política operacional. As cooperativas se desenvolvem por cooperação mútua.

4.2.2 POR QUE É MELHOR INVESTIR EM UMA COOPERATIVA?

O objetivo primário dos bancos é o lucro, enquanto as cooperativas visam administrar os recursos financeiros dos associados de forma que todos tenham alguma vantagem. Sendo assim, os preços e taxas dos bancos são superiores, uma vez que visam ao lucro. Nas cooperativas, é possível conseguir preços até 20% menores, considerando somente os custos e necessidades de reinvestimento. Por isso, a remuneração das cooperativas é maior para depósitos a prazo, por exemplo, já que sua estrutura de custo é mais enxuta do que a de um banco.

Os resultados de um rendimento positivo são distribuídos entre todos os associados, de acordo com as suas respectivas participações em uma cooperativa, enquanto nos bancos o lucro é dividido entre os acionistas. Além do mais, os bancos não priorizam investimentos locais, ao passo que as cooperativas retêm recursos em sua área contribuindo para o desenvolvimento local.

4.2.3 COMPARAÇÃO DE EMPRÉSTIMOS

De forma prática e específica, a média gira em torno de:

Bancos

- Cartão de crédito, cerca de 12% ao mês.
- Cheque especial, cerca de 11% ao mês.
- Empréstimo pessoal, cerca de 4% ao mês.

Cooperativas

- Cartão de crédito, cerca de 10% ao mês.
- Cheque especial, cerca de 6% ao mês.
- Empréstimo pessoal, cerca de 2% ao mês.

Ou seja, se formos considerar todas as transações que envolvem seus recursos financeiros, optar por fazê-las em uma cooperativa é, sem dúvida, a melhor opção.

4.2.4 VAI COMPRAR DÓLAR EM CASH? A COOPERATIVA DE CRÉDITO TAMBÉM É UMA BOA OPÇÃO!

A justificativa é simples e objetiva. Pelo fato de "dividirem" seus ganhos, a maioria das cooperativas cobra a taxa negociada entre empresas, chamada Câmbio Comercial, enquanto a maioria dos bancos cobra uma taxa usando como referência o Câmbio Turismo. A diferença varia em torno de R$ 0,20 centavos, correspondendo atualmente a mais de 5% no montante final.

De maneira prática, se tivéssemos R$10 mil hoje e comprássemos dólares em uma cooperativa, terminaríamos com cerca de U$$ 180 dólares a mais que em um banco.

O motivo é aquele que expliquei. As cooperativas cobram taxas menores de juros (entre 15% e 20%). E isso se aplica para todas as operações (a comparação é feita para operações iguais). Como elas não objetivam o lucro em suas operações, é possível diminuir as taxas oferecidas, inclusive na compra de dólar em *cash*. Em tempos de crise, a tendência é que os bancos aumentem os juros. Em contrapartida, as cooperativas conseguem ofertar vantagens atrativas a seus associados. Vale ressaltar que elas têm as mesmas garantias oferecidas por outras instituições.

4.2.5 BANCOS DIGITAIS

Não poderia deixar de mencionar também que hoje, além dos bancos tradicionais, muitos têm aderido aos bancos digitais, que funcionam da mesma maneira que aqueles, mas que operam com muita tecnologia e com uma filosofia *low cost*, ou seja, com redução de custos.

O que torna essa contenção de gastos possível é o fato de esse tipo de banco não ter agências ou gerentes, oferecendo, portanto, baixos custos para seus clientes, que têm acesso aos serviços de maneira completamente digital.

Uma das maiores vantagens dessas instituições é que, como elas trabalham com uma gestão de despesas extremamente rígida, acabam tendo a possibilidade de não cobrar uma série de operações que são taxadas nos bancos tradicionais, como a emissão de boletos, taxas de transferências de TED e DOC, e afins.

Além disso, os bancos digitais têm taxas de crédito com custos mais baixos, e também pagam taxas maiores no seu dinheiro aplicado, uma vez que não são grandes como os outros e precisam conquistar clientes e concorrer no mercado.

Por outro lado, apesar dos benefícios, muitos acabam desconfiando e tendo medo de colocar seu dinheiro nesse tipo de banco, porque eles, geralmente, são pequenos e, por isso, têm mais chance de falir. Contudo, vale lembrar que, no Brasil, os bancos são assegurados pelo Fundo Garantidor de Crédito (FGC), que, em caso de falência, é capaz de restituir o dinheiro aplicado em até R$ 250 mil por CPF.

Como esse tipo de banco ainda é considerado razoavelmente novo, não temos como prever se a filosofia *low cost* e taxa zero em todas as operações durarão para sempre, mas, por enquanto, eles funcionam assim. Caso tenha interesse nesse tipo de banco, sugiro que você estude mais a respeito e não tenha medo de aproveitar essa oportunidade. Precisamos ser espertos e usar essas instituições a nosso favor.

4.3 COMO FAZER O MEU DINHEIRO RENDER MAIS?

Pobre não é aquele que não tem dinheiro, e sim quem não sabe fazer o dinheiro trabalhar para si. Quando não poupamos, não estudamos, nem entendemos como as nossas finanças funcionam, acabamos nos tornando desequilibrados financeiramente, o que dificulta, ou até mesmo impossibilita, a nossa entrada no universo do investimento. A primeira lição é aprender a poupar e resolvermos a nossa vida financeira, para, então, começarmos a fazer o nosso dinheiro render.

Dito isso, a melhor dica para quem quer ter mais grana e ficar rico é começar a investir. Mas, antes, precisamos dominar alguns conceitos cruciais, como o CDI. CDI é a sigla para Certificado de Depósito Interbancário, que nada mais é do que a taxa referência que os gerentes de bancos ou corretoras usam quando nos oferecem os mais variados tipos de investimentos. A título de curiosidade, essa taxa é equivalente à mesma que os bancos cobram entre si para realizar suas operações internas.

Muitos não sabem, mas os bancos precisam fazer empréstimos entre si para se manterem com saldo positivo diariamente. Os que tomam emprestado têm, geralmente, 24 horas para devolver a quantia que emprestaram, e a taxa cobrada entre eles é o que chamamos de CDI. Ela é quem regula o mercado de renda fixa e todos os rendimentos dessa modalidade.

O CDI é praticamente igual à taxa Selic – taxa de juros referência para o mercado como um todo – gira em torno de 0,11 ou 0,12% a menos. Na prática, isso quer dizer que, quando nos oferecem 100% do CDI ou 90% da CDI, se esta tiver 6,50% ao ano, por exemplo, estão nos oferecendo 6,50% de juros ao ano ou 5,85% de juros ao ano, respectivamente.

A seguir, separei algumas das melhores possibilidades de investimento:

4.3.1 RENDA FIXA

Em renda fixa, tipo de investimento que temos convicção do quanto seremos remunerados ao final de determinado tempo, temos opções, como poupança, CDB/RDC, tesouro direto, LCI, LCA, entre outras.

- Certificado de Depósito Bancário – CDB: Também é um título de Renda Fixa, mas é emitido por instituições bancárias. Pode ser uma alternativa, em vez da poupança. Não se esqueça de sempre negociar.

- Um CDB que pague acima de 98% do CDI é um investimento razoável. Caso o seu gerente não lhe ofereça títulos com essas vantagens, uma corretora pode ser uma alternativa também. Debêntures, fundos de investimento, CRI e ações são alguns outros investimentos que as corretoras podem oferecer. No caso das Cooperativas de Crédito, o equivalente ao CDB seria o RDC, em alguns casos a remuneração pode chegar acima de 110%.

- Tesouro Direto: São títulos públicos emitidos pelo Tesouro Nacional, com a garantia do Governo Federal, que surgiram com o objetivo de democratizar o acesso e entrada no mercado financeiro, permitindo aplicações com apenas R$ 30. É uma das melhores opções de investimento em renda fixa, e possui diferentes títulos com possibilidades de investimentos para curto, médio e longo prazos.

- Letras de Créditos Imobiliárias e do Agronegócio – LCI e LCA, respectivamente: São investimentos semelhantes ao CDB e, em geral, pagam um bom retorno. O rendimento supera a poupança e são bons para quem precisa de retorno a médio prazo. A diferença é não ter dedução de IR para pessoa física, assim, algo acima de 85% já seria competitivo.

4.3.2 RENDA VARIÁVEL

Já a renda variável é aquela que não sabemos quanto receberemos de remuneração ao final de um período, por isso ela oferece grandes riscos aos investidores. Geralmente, a renda variável é indicada para quem tem um conhecimento mais profundo a respeito do funcionamento do mercado financeiro, já que a compra desse tipo de investimento oscila muito ao longo do dia, demandando muito mais malícia e estudo de mercado. Entre as principais nessa modalidade, encontram-se as ações e os fundos de investimentos.

- Ações: Também chamadas de "papéis", são as partes que compõem o capital social de uma empresa, ou seja, títulos que representam uma parcela da empresa e conferem aos investidores a participação na sociedade dessa empresa após a compra. Têm alto risco, mas, exatamente por isso, possuem grandes chances de alto retorno. Antes de tomarmos qualquer decisão de compra, devemos estudar sobre a empresa ou procurar um especialista para ajudar ou indicar a escolha. As corretoras contam com esse tipo de profissional.

- Fundos de investimentos: É uma opção que mescla renda fixa e renda variável. É preciso escolher bem o gestor, quem administrará a alocação de seus recursos. O gestor do fundo é o responsável por escolher onde colocar o seu dinheiro. Está nas mãos dele a decisão, de acordo com o seu perfil, de distribuir os seus recursos em fundos de investimentos. Algo importante a ser ressaltado é que esses fundos devem "performar" acima do CDI, ou seja, devem no mínimo render 100% +1% do CDI. Opções mais comuns de alocações são ativos de renda fixa, ações, moedas estrangeiras, dívidas corporativas, entre outras.

Estes são alguns dos investimentos em renda fixa e variável que podemos aplicar, de acordo com o nosso perfil investidor. Por isso, estude o seu perfil, trace os seus objetivos financeiros e continue empenhando-se em estudar cada modalidade de investimento.

44 PODE NÃO SER EM UM CLIQUE OU EM UM PASSE DE MÁGICA, MAS GANHAR DINHEIRO NÃO É IMPOSSÍVEL!

Não há mal algum em querer ser rico. Na verdade, essa aspiração, quando enraizada nos motivos certos, é extremamente saudável. Além de possível. O problema é que muitos idealizam demais esse assunto e, talvez por não terem tido contato com ele desde cedo, acabam achando que das duas, uma: ou "só ganha dinheiro quem tem dinheiro", ou que ele cairá do céu como num passe de mágica. E, é claro, sabemos que nem um nem outro são verdades. Obviamente, nascer em uma família que já tenha esse padrão de vida torna tudo mais fácil, mas com determinação, estudo, esforço e disciplina também podemos chegar lá. O meu sogro é um exemplo vivo disso. Ele nasceu no interior de Minas Gerais, em uma família extremamente humilde. Em 1958, quando ainda era criança, seus pais decidiram se mudar para Belo Horizonte com os seis filhos, na esperança de lhes proporcionar mais qualidade nos estudos. Dez anos mais tarde, após ter finalizado a educação básica, o meu sogro conseguiu ingressar na Universidade Federal de Minas Gerais, onde cursou Ciências Econômicas, um dos três cursos superiores em que se formou ao longo da vida. Começou a trabalhar muito cedo como engraxate e cobrador de ônibus. Em 1961, entrou em uma empresa como *office boy* e nela permaneceu por 46 anos. Aos 23 anos, tornou-se diretor. Aos 25, vice-presidente, e se aposentou nessa mesma posição aos 60 anos. Desde que o conheço, ele sempre aconselha as pessoas aquilo que ele mesmo aplicou em sua vida. "Se alguém quer construir patrimônio de maneira honesta", ele diz, "a primeira coisa é ter sempre em mente que Deus tem o controle de tudo e está nos orientando e guardando o tempo inteiro. E a segunda é traçar objetivos e segui-los com muita determinação e disciplina".

Lembro-me dele contando que, aos 18 anos, fez o seu primeiro investimento comprando um lote de 1.200 metros quadrados na cidade de Lagoa Santa, que, inclusive, tem até hoje. Naquela época, os terrenos na cidade não tinham o valor imobiliário que tem atualmente, o que facilitou muito a compra e o incentivou a continuar investindo nessa modalidade. Depois dessa primeira empreitada, uniu-se com seus irmãos mais velhos para investir na compra de vários imóveis, que, como eles previram, acabaram valorizando muito. E foi assim que construíram a maior parte de seu patrimônio.

A história do meu sogro sempre me inspirou muito. Convivo e aprendo com ele há mais de 20 anos e, quando me deparo com a sua trajetória, constantemente, refresco a minha memória sobre a importância do equilíbrio, planejamento, persistência e disciplina. Não existe mágica. O que existe é o nosso esforço e posicionamento diante das circunstâncias. É uma utopia, para não dizer absurdo, pensar que atingiremos o enriquecimento ou qualquer outro tipo de progresso em nossas vidas, sentados, olhando a vida passar. O meu sogro sempre diz: "Se você deseja ter uma vida mais tranquila no futuro, precisa se planejar hoje. Faça alguma coisa. Planeje-se para os próximos dois anos, depois para os próximos cinco, 10 e 20 anos. Porque daqui a 20 anos, quem hoje tem 20, estará no auge de sua carreira, com 40 anos, e terá muito mais dificuldades e barreiras para construir um futuro para si e sua família. É possível viver de maneira plena e saudável, sem nos preocuparmos com a dureza da rotina de trabalho e, ainda por cima, o encargo de correr contra o tempo para realizar as metas do planejamento que deveriam ter sido feitas antes. Mas para isso precisamos de disciplina, resiliência, objetivos claros e, é lógico, da sabedoria que só é concedida por intermédio da Presença de Deus".

O problema é que muitas vezes por causa da falta de informação, acabamos utilizando os métodos errados para tentar enriquecer. Já dizia o milionário Steve Siebold: "As pessoas estão tão preocupadas em juntar cupons de descontos e viver economicamente que acabam perdendo grandes oportunidades. Os ricos também reconhecem que economizar é importante, mas sabem que ganhar dinheiro é ainda mais relevante".

Muitas pessoas estão tão preocupadas em economizar com absolutamente tudo, que acabam esquecendo que não basta apenas economizar, e sim ganhar mais dinheiro. Para onde você está focando? Por esse motivo, quero compartilhar algumas orientações práticas sobre como podemos aumentar a nossa grana, começando do zero.

- Faça uma análise para saber quanto consegue poupar mensalmente. Estabeleça um valor fixo que será colocado como uma "despesa" em sua saída mensal. Mas atenção: Estabeleça uma meta que você irá cumprir. Não adianta ter uma meta e não poupar o dinheiro. Uma dica para ter sucesso nessa etapa é separar o dinheiro logo que recebe o seu salário ou faz a retirada.

- Comece a investir.

- Invista em conhecimento. Só não tem dinheiro quem não tem informação. Isso pode soar como balela, mas é verdade. Não precisamos ser bons em matemática para ter uma vida financeira saudável. Precisamos é de conhecimento, vontade de ficar ricos e muito esforço.

- Aposte em seu potencial. Acredite em você, afinal se você não acreditar, quem irá? E não se esqueça de cultivar boas ideias; elas são fundamentais para aumentar a sua renda.

- Estabeleça diferentes fluxos de renda. Ter formas de ganhos adicionais, como aluguel de imóveis, dividendos, e outros, dará a você mais estabilidade financeira.

- Aplique o seu dinheiro. Aprenda a investir a longo prazo. Coloque o seu dinheiro em um investimento seguro e não mexa por nada. Deixe o seu dinheiro "trabalhar" a seu favor. Segundo dados da Associação Brasileira das Entidades dos Mercados Financeiros e de Capitais (Anbima), milionários investem anualmente cerca de 20% de sua renda. O patrimônio de um rico não é medido pela quantidade de dinheiro que ganha ao final de cada ano, nem tão pouco apenas pelos bens que possui, mas pela quantia que consegue guardar e investir ao longo do tempo.

Pare de dar desculpas. Faça alguma coisa hoje. Porque é o seu posicionamento agora que ditará o futuro que você e sua família terão. Não espere cair do céu. Seja protagonista da sua vida e assuma a responsabilidade pelo seu futuro.

Alberto Saraiva, fundador da rede Habib's, escolheu ser uma dessas pessoas. Com sua dupla nacionalidade, portuguesa e brasileira, viveu em uma casa construída de pedra sobre pedra, que não tinha geladeira, e que, em vez de um fogão comum, tinha um fogão à lenha. Procurando uma vida melhor, sua família resolveu se mudar para o Brasil quando ele ainda era um bebê. Ao chegarem em São Paulo, capital, sem emprego, não demorou muito para decidirem se mudar para o interior e tentarem novamente um recomeço. Ali, seu pai começou a revender doces comprados na capital, e, conforme o filho crescia, passou a levá-lo para participar das negociações e aprender um pouco sobre o seu ofício. Aos 17 anos, Saraiva se mudou para São Paulo para finalizar os estudos e, paralelamente, fazer cursinho, já que havia decidido prestar para medicina. Pouco depois, a família resolveu acompanhá-lo e mudou-se para a capital também. No terceiro ano de tentativa, Saraiva passou no vestibular e iniciou os seus estudos na Santa Casa, uma das faculdades mais caras de São Paulo, que era bancada pelo pai após ter conseguido abrir uma padaria na Zona Leste da capital. Entretanto, alguns anos mais tarde, o pai de Alberto foi assassinado durante um roubo no estabelecimento. Sem conseguir dar continuidade à faculdade, Saraiva assumiu a padaria, mas além de não saber muito sobre como administrar e prosperar o negócio, a localização era ruim e os fornecedores o enganavam. Foi quando percebeu que se quisesse fazer o negócio dar certo, teria de se esforçar para entender mais a respeito. Sua primeira tática foi colocar os preços lá embaixo para atrair a clientela; estratégia essa que inclusive é adotada até hoje no Habib's. Não demorou muito, a padaria se tornou a melhor do bairro. Saraiva, que por um tempo conciliou o comércio com a medicina, decidiu focar de vez na primeira opção. Após um tempo administrando a padaria, conheceu um senhor idoso que lhe pediu um emprego, afirmando que dominava inúmeras receitas da cozinha árabe. Saraiva o contratou e aprendeu mais sobre aquela culinária. Em 1988, negociou um imóvel e abriu a primeira unidade do Habib's, usando a mesma filosofia do preço baixo. O restaurante se transformou em uma rede de lojas próprias e franqueadas, espalhadas pelo Brasil. Hoje, Alberto Saraiva, é presidente do Habib's, da rede Ragazzo, da Arabian Bread (pães), da Ice Lips (sorvetes), da Promilat (laticínios), e da Vox Line (call center).

4.5 QUERO COMEÇAR A INVESTIR, MAS... QUANTO DEVO APLICAR?

Uma das melhores formas de ampliar a nossa renda é através de investimentos, e, ao contrário do que muitos pensam, "fazer" dinheiro por meio de investimentos não é tão complicado assim. Não precisamos ter muito para começar. É necessário ter um pouco de dinheiro poupado, paciência e tempo para entender como o mercado funciona e qual é o nosso perfil enquanto investidor. Para não fugir à regra, tudo tem de passar pelo planejamento. Ninguém se transforma em um investidor bem-sucedido da noite para o dia, e, conforme nos aplicamos em nosso planejamento e estudo sobre o mercado, passamos a melhorar nossos conhecimentos e saber quais as estratégias mais acertadas para alcançarmos os nossos objetivos.

Apesar de não ser uma regra, o meu conselho para mim mesmo, se eu estivesse começando hoje a investir, seria:

- Até R$ 500 aplique na poupança, caso o dinheiro vá permanecer poupado apenas por 1 mês.

- De R$ 500 a R$ 1 mil no RDC, CDB ou LCI / LCA.

- A partir de R$1 mil no Tesouro Direto.

Lembrando que essa ordem é para os que conseguem poupar pouco por mês, e não tem a pretensão de tirar o dinheiro no meio do prazo da aplicação; quem realmente quer investir a médio/longo prazos.

Outra opção seria:

- A partir de R$ 100 no Tesouro Direto, sendo indicado o título indexado à taxa Selic.

- De R$ 1 mil em diante no Tesouro Direto, podendo ser o título pós-fixado (médio prazo) ou o título pré-fixado (longo prazo).

O importante é entender que não existe uma receita de bolo. Se tivesse, todo mundo estaria ganhando muito dinheiro por aí. No geral, é complicado afirmar com precisão por onde começar, afinal cada um tem um perfil e uma necessidade. Porém, as dicas acima podem ajudar quem, de alguma forma, quer começar, mesmo conseguindo poupar pouco por mês.

Arriscar, sair da zona de conforto de uma vez por todas e tomar a decisão de ter grana para viver bem, acredite, é uma decisão apenas sua, depende exclusivamente de você.

Um conselho, se você estiver começando aos poucos, precisa iniciar sem prazo de validade. Entenda que esse será um dinheiro a ser investido a médio/longo prazos. Não tenha pressa.

Uma ótima opção também, oferecida por bancos e corretoras, é o LCI ou LCA. Entretanto, para ter acesso e vantagem nesse investimento, é necessário um mínimo de R$ 30 mil (média de valor dos principais bancos) para começar. Apesar de ser um investimento de curto prazo (com carência de três a 12 meses na maioria dos bancos) durante este tempo você não consegue resgatar a aplicação.

No início, parece algo extremamente complexo, mas não se preocupe, com o tempo, você conseguirá enxergar melhor qual é o seu perfil e será capaz de montar, executar e gerir o seu plano de investimento.

4.6 VOCÊ SABE O NOME DO GERENTE DO SEU BANCO?

Com a popularização e democratização de alguns ensinos básicos a respeito do funcionamento dos investimentos através de corretoras ou por conta própria, os gerentes de bancos acabaram sendo quase que demonizados nesse processo. Hoje, muitos os têm colocado na posição de inimigos, aconselhando que não deveríamos nem mesmo conversar com eles. É fato que todos os gerentes trabalham para uma instituição, têm metas de vendas para cumprir e nem sempre estão dispostos a pensar primeiro em nós. Mas por que não os usar a nosso favor? Já parou para pensar por esse lado?

O que realmente precisamos é estar preparados para conduzir uma conversa que defenda os nossos interesses e atinja os nossos objetivos financeiros. Assim como em uma negociação, precisamos entender o "lado de lá": os desejos, as ferramentas e o porquê do nosso gerente estar nos indicando alguma coisa. Não significa que por que ele tem metas a cumprir não pode nos ajudar a encontrar um produto que seja condizente com o nosso perfil. Independentemente do banco, temos de conhecer os riscos e características das aplicações, pesquisar taxas e custos oferecidos por outros bancos, para então negociar e fazer do nosso gerente um possível aliado. Existem produtos de investimentos que podem ser rentáveis para você. Sem falar que é o gerente que pode, e deve, ajudá-lo a negociar as suas dívidas. Lembre-se de sempre pesquisar nas Cooperativas de Crédito. Na maioria das vezes, as condições são bem melhores.

Abaixo, algumas sugestões de perguntas que você precisa fazer ao seu gerente para não cair em armadilhas. É fundamental perguntar antes de investir.

- Quais são as opções de investimento para o meu perfil?
- Quanto custa o investimento?
- Qual o valor mínimo de aplicação?
- Quais são as taxas e impostos?
- Qual é o risco de perder tudo o que será aplicado?
- Posso resgatar menos do que eu coloquei?
- É possível resgatar sempre que eu quiser?
- Qual é a pior condição para o resgate antecipado? Há multa?

Não se esqueça de negociar as mensalidades que paga ao banco. Nos bancos, tudo, ou quase tudo, tem negociação, principalmente se você for um bom cliente. Como em todo setor, bancos menores oferecem as melhores condições.

Vale lembrar também que, caso você esteja insatisfeito com o atendimento e serviços prestados, pode trocar de gerente ou até mesmo de banco.

4.7 APLICAR DINHEIRO POR MEIO DE CORRETORAS PODE SER UMA BOA OPÇÃO

Se você quer investir na Bolsa de Valores, o primeiro passo deve ser ir atrás de uma corretora de ações e abrir gratuitamente uma conta. Afinal, é através dela que você, enquanto investidor, terá acesso ao mercado de capitais.

Basicamente, uma corretora de valores é uma pessoa jurídica auxiliar do Sistema Financeiro Nacional que intermedia a compra e venda de títulos financeiros para seus clientes. Sua constituição depende da autorização do Banco Central (Bancen), e o exercício de sua atividade depende de autorização da Comissão de Valores Mobiliários (CVM).

Sua função mais conhecida é a atuação na Bolsa de Valores, que, trabalha com o mercado de renda variável, mas as corretoras também são responsáveis pela intermediação das compras dos títulos do Tesouro Direto, que pertence à renda fixa. No Brasil, por questões de segurança, é obrigatório ter uma conta em alguma corretora autorizada para operar na Bolsa, ou seja, não é permitido operar diretamente. Ter conta em uma dessas instituições é fundamental para ter acesso à Bolsa de Valores (B3) e realizar seus investimentos.

Algumas corretoras cobram uma taxa pela custódia dos títulos, mas essa cobrança não é obrigatória. Além disso, existe a taxa de corretagem que é um valor pago por operação, que pode ser um percentual do valor da transação, um valor fixo por operação ou até mesmo uma quantia fixa mensal.

Entre os seus encargos centrais estão: promover ou participar do lançamento público das ações; fazer a administração e a custódia das carteiras de títulos e valores mobiliários; organizar e administrar os fundos e clubes de investimentos; operar em bolsas de mercadorias e futuros, por conta própria e de terceiros; operar compra e venda de metais preciosos e moedas estrangeiras, por conta própria e de terceiros; e prestar serviços de assessoria técnica em operações inerentes ao mercado financeiro.

Parece complicado no começo, mas o processo é muito rápido e fácil. Em um dia você realiza o cadastro e no outro já pode investir. O que você precisa é escolher com atenção quem intermediará os seus investimentos no mercado financeiro. Considere o preço da corretagem, uma vez que esse valor influencia seus resultados na Bolsa. Se possível, opte por um valor fixo mensal, e não por um percentual do seu dinheiro.

4.8 POUPANÇA? É CILADA, BINO!

É possível perder dinheiro na poupança? Se você é daqueles que consideram a poupança o investimento mais seguro, e considera que o rendimento é sempre positivo, provavelmente defenderá que não. Mas, por incrível que pareça, de certa forma, é possível sim.

Não me refiro a checar o seu extrato e constatar que há menos dinheiro do que quando aplicou, nem de confiscos do governo ou quaisquer outros fatos extraordinários, e sim do mais corriqueiro dos inimigos: a inflação.

A verdade é que poucos poupadores se preocupam com ela. Porém, apesar da sua presença ser facilmente perceptível nas compras de supermercado e idas a restaurantes, ela é bastante silenciosa quando o assunto é investimento.

Assim como a alta generalizada dos preços corrói o valor do dinheiro que está em nosso bolso, ela também reduz o poder de compra daquilo que está aplicado, ainda que esses recursos estejam rendendo alguma coisa. A matemática é relativamente simples, o que torna fácil detectar onde houve perdas. Quando a rentabilidade de um investimento é inferior à inflação, na prática, o investidor teve uma perda, pois o seu dinheiro não conseguiu acompanhar a alta dos demais preços. Isto é, não foi corrigido.

Se seu rendimento é nulo ou está perdendo para a inflação, ainda que seja positivo, o seu poder de compra diminuirá com o tempo. A quantia que hoje paga as suas compras da semana pode não ser suficiente para comprar mais do que um picolé dentro de alguns anos.

É por isso que não se deve guardar dinheiro em cofrinhos ou debaixo do colchão por muito tempo, ou mesmo aplicá-lo em um investimento que costuma render abaixo da inflação, como já aconteceu com a caderneta de poupança.

Algo crucial a ser esclarecido é que o rendimento da poupança tem um limite. A poupança não é o único investimento sujeito a perder da inflação. O problema é que a sua rentabilidade é limitada de tal forma que, quando a inflação está elevada, a caderneta tem dificuldades de superá-la. E muitas vezes não consegue mesmo.

Em 2015, por exemplo, a poupança encerrou o ano com rendimento de 2,29%, enquanto a inflação fechou a 10,67%. Veja por meio da tabela abaixo a diferença dos valores:

POUPANÇA X INFLAÇÃO	SALDO INICIAL 31-DEZ-2017	UM ANO DEPOIS 31-DEZ-2018	TAXA DE JUROS AO ANO
POUPANÇA	10 MIL	10.229	2,29%
INFLAÇÃO	10 MIL	11.067	10,67%

Isso significa que o que você comprava com R$ 10 mil reais em dezembro de 2017, ao final de apenas um ano, você precisou de R$ 11.067 reais. Os R$ 10 mil que você aplicou na poupança se tornaram, ao final de um ano, apenas R$ 10.229 reais, o que significa, portanto, que o seu poder de compra caiu, e você "perdeu" dinheiro ao longo do ano.

É importante lembrar ainda que, se o seu intuito é enriquecer com investimentos, e não apenas manter o poder de compra do que conseguiu juntar, você precisa ganhar mais do que a inflação. É o rendimento acima da inflação que de fato multiplica o seu patrimônio.

Além disso, pode ser que você sinta o aumento de preços de forma diferente na sua vida. O Índice de Preços ao Consumidor (IPCA) pode não ser representativo do seu consumo, uma vez que esse índice é composto por uma cesta de produtos predeterminada pelo governo. Suponhamos que essa cesta preestabelecida contenha arroz, feijão e carne, mas você consome ovo e tomate, que não fazem parte dessa cesta do IPCA, e que, hipoteticamente, subiram de preço, sua inflação pode ter sido mais alta ainda. Ou seja, segundo a inflação que o governo nos informa, tomando como padrão apenas aqueles itens da cesta, existe uma grande chance de você estar perdendo mais ainda o seu poder de compra caso consuma qualquer coisa que não esteja na cesta do IPCA, o que hoje é extremamente comum de acontecer. A elevação do seu custo de vida pode ser maior que a inflação oficial, o que piora ainda mais a comparação com a rentabilidade da sua caderneta de poupança. Por outro lado, ela pode ser muito útil para a realização de metas de curto prazo – como a compra de um bem dentro de poucos meses – ou para juntar dinheiro suficiente para investir em fundos de investimento que demandem aportes iniciais mais altos. Além do mais, a poupança é uma aplicação barata, acessível e isenta de imposto de renda. Mas vale reforçar: para outros objetivos e quantias maiores, o recomendável é buscar alternativas que superem a inflação.

4.9 COMO GANHAR DA INFLAÇÃO

Se o seu objetivo é de médio ou longo prazos, como a compra de um imóvel ou mesmo a aposentadoria, se as suas reservas são grandes, ou se você busca preservar o poder de compra da sua reserva de emergência, por exemplo, a poupança não pode ser uma opção. Há uma série de investimentos mais rentáveis que a poupança e que costumam vencer a inflação. A maioria deles bem conservadores. A escolha deve ser feita com base nos seus objetivos.

Os mais conservadores têm sua remuneração atrelada à Selic, taxa usada pelo Banco Central para controle da inflação. Alguns investimentos conservadores também podem ter sua rentabilidade ligada ao CDI, taxa de juros que se aproxima da Selic. É o caso dos Certificados de Depósito Bancário CDB's), dos fundos DI, fundos de renda fixa e títulos públicos do tipo Tesouro Selic (LFT), negociados pela internet por meio do sistema do Tesouro Direto. Mesmo com a cobrança de IR, suas rentabilidades superam a da poupança e a inflação. Se tiverem custos baixos e puderem ser resgatadas a qualquer momento, essas aplicações podem ser boas substitutas da poupança para reservas de emergência e outros tipos de reserva para objetivos de prazo determinado.

Para os que podem deixar o dinheiro aplicado por pelo menos 90 dias – podendo chegar a prazos maiores, como um ou dois anos – há também a opção das Letras de Crédito Imobiliário (LCI) e as Letras de Crédito do Agronegócio (LCA), similares aos CDB, mas isentas de imposto de renda.

Em grandes bancos, em geral, é preciso ter quantias

mais vultosas para aplicar nesses papéis, algo como algumas dezenas de milhares de reais. Bancos médios oferecem opções com aplicações iniciais menores. Seja como for, assim como o CDB e a poupança, LCI e LCA contam com a cobertura do Fundo Garantidor de Créditos (FGC), em caso de quebra da instituição financeira.

Finalmente, para aqueles que têm objetivos de médio e longo prazos, há títulos do Tesouro Direto que prometem pagar um percentual pré-acordado mais a inflação até sua data de vencimento, protegendo totalmente o investimento contra a inflação oficial, além de pagar um "a mais". Trata-se do Tesouro IPCA+, com ou sem juros semestrais, antigas NTN-B e NTN-B Principal, respectivamente. Embora tenha liquidez diária, o mais seguro para o investidor não ter perdas no investimento é levá-lo até o vencimento, pois assim será paga exatamente a rentabilidade contratada. Assim como o Tesouro Selic e qualquer outro título público, esses investimentos têm garantia do Governo Federal.

4.10 COMO INVESTIR EM AÇÕES

A bolsa de valores mostra resultados muito bons a longo prazo. Mas, por ser considerado um investimento de alto risco, muitas pessoas deixam de investir em renda variável. O que precisamos considerar é que o risco está associado ao retorno, mas também ao prazo.

As ações, geralmente, variam de preço à medida que

as expectativas mudam. Quando há uma grande procura por ações, a tendência é a sua valorização. Quando o movimento é inverso e muitos investidores vendem suas ações, o preço cai. É a chamada Lei da Oferta e Procura, assim como acontece com o próprio dólar, por exemplo. Para quem ainda não entende muito sobre o assunto, basta pensar que uma ação representa a menor parcela em que se divide o capital de uma empresa. Em outras palavras, é como se a empresa fosse dividida em pedaços e cada um pudesse ter uma parte dela. Como sócio, você passa a ter direito de participar dos lucros e ganhar dinheiro. Mas se a empresa tiver dificuldades financeiras, como um prejuízo, por exemplo, a expectativa é de que o seu lucro diminua ou mesmo que você não receba nada – e isso resulta na queda e desvalorização do preço da ação também.

As ações de uma [1]empresa S.A. podem ser negociadas a qualquer tempo em bolsas de valores ou no mercado de balcão – todas as distribuições, compra e venda de ações realizadas fora da bolsa de valores –, através de uma corretora de valores mobiliários. O acionista pode vendê-las, obtendo de volta o dinheiro correspondente ao valor de sua cotação naquele dia, obviamente, havendo liquidez (pessoas querendo comprar). Inclusive, nos Estados Unidos, em vez de os pais fazerem poupanças para os filhos que nascem, eles investem na compra de ações de empresas,

---

[1]Sociedade anônima, ou simplesmente S.A, é um modelo de companhia que tem fins lucrativos e é caracterizada por ter o seu capital financeiro dividido em ações. Os donos das ações são chamados de acionistas e, neste caso, a empresa deve ter sempre dois ou mais acionistas.

porque sempre pensam a longo prazo. Ou seja, os pais já refletem na oportunidade que o filho pode ter de crescer sendo dono de parte de uma empresa específica, que, dependendo do tamanho e valor de mercado, se desenvolverá ainda mais, pensando que o seu valor hoje será muito menor do que daqui a 10 anos, por exemplo. Além disso, por se tornar sócio da empresa, eles têm a chance de participar da divisão de lucros da empresa.

Infelizmente, muitos ainda pensam que só ricos podem investir na Bolsa, mas isso, definitivamente, não é verdade. Precisamos mudar essa mentalidade. Com tantas informações disponíveis hoje, falar sobre ações não é um problema. É possível se informar sobre esse investimento de maneira rápida, segura e eficaz. No site da B3 (www.b3.com.br), por exemplo, podemos encontrar as cotações diárias, tanto do [2]Ibovespa como das ações das empresas negociadas no dia.

No Brasil, o mercado de ações se desenvolveu muito e hoje mantém uma fiscalização forte sobre as empresas de capital aberto que têm as ações negociadas na Bolsa de Valores (B3). Então, para quem tem medo de perder tudo, isso só acontecerá se a empresa pegar fogo e não tiver seguro, o que é muito difícil. Por isso, o ideal é comprar ações de empresas que tenham sustentabilidade econômica, ou seja, que mostrem resultados, que tenham perspectivas de crescimento e de como se alavancar

---

[2]O Índice Bovespa é uma carteira teórica de ações, formada pelas ações mais negociadas na Bovespa. Por isso, ele funciona como um termômetro do mercado, uma vez que as ações que o compõem representam a maior parte do volume financeiro negociado na B3.

financeiramente através de empréstimos. E esse crescimento tem sido cada vez maior no mercado brasileiro. Obviamente, há algumas empresas que quebram, mas hoje, com a governança corporativa, a transparência das empresas é uma exigência que gera retorno, então o mercado exige isso, trazendo mais segurança para o investor. As formas de ganhar dinheiro nessa modalidade estão na alta e queda, comprando e vendendo as ações, mas, sobretudo, assim como os americanos fazem, pensando na valorização futura, a longo prazo. Por isso, a necessidade de escolher uma empresa grande, com credibilidade e resultados concretos.

4.11 SEGURO DE VIDA É UM BOM INVESTIMENTO?

Antes de mais nada, é essencial deixar claro que seguro de vida não é um investimento. É importante? Sim, e muito. Mas não é investimento. Menciono isso, porque cada vez mais tenho visto pessoas encarando esse tipo de segurança como um complemento financeiro para o futuro de quem o contrata e também de seus dependentes. Por esse motivo, o seguro de vida tem se tornado uma das opções de aplicação, assim como a previdência, investimentos de longo prazo, títulos públicos, entre outros. Porém, não deveria ser contratado sob esta ótica.

Seja como for, independentemente da idade, esse assunto é muito importante e merece atenção. Muitos jovens acabam deixando de lado, não se preocupando com isso, mas a verdade é que quanto antes optarmos por um seguro como esse, mais barato será. São em situações assim que entra em cena o planejamento que tanto falo. Seguro ou investimento nos darão retornos no futuro, dadas as devidas proporções. No caso do seguro de vida, é praticamente uma proteção contra riscos, como acontece com um seguro de automóvel. Desde o seu primeiro ano de vida, você pode ter um seguro, obviamente as apólices são pensadas para atender as necessidades do assegurado, respeitando as fases de sua vida. Por isso, uma pessoa mais velha tende a pagar mais caro, uma vez que está mais vulnerável aos problemas de saúde, por exemplo.

Diferente de um investimento financeiro, que foca na obtenção de maiores rendimentos no futuro, o seguro de vida o protege e assegura em casos de doenças, acidentes, invalidez por motivos naturais e morte. Em outras palavras, ele cobre gastos que você teria em qualquer uma dessas situações, entre várias outras opções de cobertura.

Diante disso, talvez você se questione: "E se eu tiver uma quantia que posso aplicar mensalmente, faço investimentos ou compro um seguro de vida?". Esse é o X da questão. Não existe uma fórmula mágica. O que você precisa é entender em quais casos o seguro é indispensável. Se você estiver dentro desse grupo, tem de se atentar para isso. E se, no momento, você não se encaixa nessa realidade, pode se planejar para, além das aplicações, adquirir um seguro. Lembre-se: quanto antes, melhor.

Entre os que se encaixam nesse grupo em que o seguro é altamente recomendado estão: pessoas que dependem do seu trabalho como única fonte de renda, pessoas que têm dependentes financeiros e pessoas com histórico de doenças hereditárias graves. O seguro é uma garantia de recursos à sua família, caso você venha a falecer ou recursos para que você mesmo consiga viver, caso não possa mais exercer sua profissão.

No entanto, ainda assim, você pode se questionar se não seria melhor optar por um investimento com rendimento à longo prazo. Minha intenção aqui não é induzir a escolha pelo seguro ou pelo investimento X ou Y. O que é necessário entender é a fase de vida que você está e considerar o seguro como mais uma opção de garantir melhor seu futuro. Na verdade, o melhor dos mundos seria se você conseguisse investir e ter um seguro. Dessa maneira, os seus rendimentos futuros poderiam ser para o momento de vida em que você teria uma renda menor ou, muitas vezes, zero, sem necessidade de reduzir o seu padrão de vida, podendo, de fato, nesse tempo, aproveitar o dinheiro que poupou. O custo-benefício é muito maior do que conseguimos mensurar, mas como não parece estar próximo e palpável, aqui e agora, a maioria das pessoas prefere ignorar estratégias e planejamentos como esse. Por tudo isso, vale a pena refletir e se organizar para, de alguma forma, garantir mais tranquilidade ao seu futuro. Porque, se você parar para pensar, na verdade, o futuro é hoje.

4.12 TÍTULO DE CAPITALIZAÇÃO: UMA BOA OU NÃO?

É praticamente unanimidade entre os financeiros que títulos de capitalização são o maior desperdício de dinheiro que alguém poderia fazer. No entanto, você deve estar se perguntando, como o título de capitalização tradicional, carro-chefe do setor, foi capaz de arrecadar mais de R$ 9 bilhões de reais em 2017? Por incrível que pareça, os títulos estão entre os produtos mais oferecidos e comprados no País. A cada dez gerentes de banco, dez propõem o título de capitalização a seus correntistas. É característico do brasileiro gostar de sorteio e a possibilidade de receber algum bônus em dinheiro chama ainda mais a atenção. Dessa forma, pessoas com perfil de apostador ou que simplesmente desconhecem as principais regras de funcionamento do produto acabam comprando esse produto.

O título de capitalização é uma economia programada de prazo definido, com pagamento único em parcelas mensais ou periódicas. Durante a vigência do título, o consumidor tem direito de participar de sorteios e, no fim do prazo, resgatar parte ou a totalidade do dinheiro guardado. Você não pode atrasar o pagamento, estando sujeito a multa e a suspensão, podendo ficar sem direito a participar dos sorteios caso não esteja com o pagamento em dia.

De forma clara, os motivos para não ser considerada uma boa opção são:

- Retorno ruim ou baixa remuneração. Nesse quesito, ele perde, inclusive, para aplicações convencionais, como a poupança. A incidência de impostos varia entre 20% e 30% sobre os rendimentos na hora do resgate. Ainda que o título garanta a devolução do valor investido, apenas o valor destinado à cota de capitalização é remunerado, e não acompanha a inflação.

- Título de capitalização não é nem um ativo nem uma linha de investimento, ele funciona mais como um seguro com direito à premiação, mas é preciso considerar que de tudo o que depositamos só uma parte irá para a capitalização. Sem contar que as chances de ser sorteado são remotas.

- Falta de liquidez. Muitos descontos são aplicados à liquidação antecipada e nem todo título pode ser resgatado antes do prazo final. Isso quer dizer que podemos sair com menos recursos do que entramos, e até pagar multa caso decidamos antecipar o resgate, em alguns casos.

Particularmente, eu não recomendo, mas se ainda assim você quiser testar essa modalidade, pesquise e se informe bem antes de comprar um título.

4.13 VALE A PENA INVESTIR EM OURO? E NA COMPRA DE DÓLAR? E MOEDA VIRTUAL?

4.13.1 INVESTIR EM OURO

Se há um tema que desperta a curiosidade das pessoas é a possibilidade de investir em ouro. Porém, é necessário dar atenção para esse tipo de investimento tendo em vista o nosso cenário econômico e financeiro. Essa opção não é a melhor para todos. Como comentei, é preciso levar em consideração o perfil e os objetivos de cada investidor. Na hora de escolher um investimento, não devemos focar apenas na rentabilidade, mas também avaliar o risco. Quanto maior a oscilação e variação, maior o risco do investimento.

O ouro é um ativo que oscila muito. Sua volatilidade é de cerca de 15%. Sendo assim, ele pode subir muito em um mês e cair muito em outro. Além do mais, o retorno do ouro não é garantido nem consistente. Por isso, ele pode nos expor a mais riscos do que outros investimentos. Vale ressaltar que a cotação do ouro no Brasil está atrelada ao dólar, o que gera ainda mais instabilidade. Em 2013, por exemplo, o prejuízo de quem aplicou em ouro foi de quase 20%. Ainda assim, precisamos considerar que o preço do grama do ouro em nosso país teve uma valorização de quase 30% em 2015, fazendo com que os olhos de alguns investidores brilhassem.

Por outro lado, além da rentabilidade, em momento de crise, o ouro é uma das formas mais seguras de proteger o seu patrimônio, e por esse motivo, acaba valendo a pena se olharmos por essa ótica. Entretanto, apesar da segurança, aqui nos referimos à segurança sem previsão de uma alta rentabilidade. O investidor que tem capital em CDB e em fundos de ações, em tempos de crise, muitas vezes, acaba decidindo vender e usar esse dinheiro para comprar ouro, que é tradicionalmente um ativo de aversão ao risco. Historicamente falando, não há possibilidade de o ouro perder completamente o seu valor. Diferente, por exemplo, do que acontece quando temos uma ação e a empresa quebra. Até porque, na pior das hipóteses, o ouro se torna uma jóia.

Dito isso, se você tiver interesse em investir nessa modalidade, precisa saber as formas para fazer isso. As duas maneiras mais seguras de investir em ouro são: pela Bolsa (por meio de uma corretora) ou pelo mercado de balcão (instituições autorizadas pelo Banco Central e pela Comissão de Valores Mobiliários – CVM. A Ourominas e o Banco do Brasil vendem as barras de ouro e o comprador escolhe se vai guardar consigo ou pagar um agente de custódia. Para isso, é necessário procurar instituições que sejam registradas no Banco Central e na CVM.

Caso o investidor queira levar o ouro físico para casa, ele deve procurar a sua corretora e solicitar a retirada das barras junto à B3, indicando em qual banco custodiante pretende retirá-las. Porém, quando isso acontece, além do ouro deixar de ter o padrão de negociação que tem no ambiente da Bolsa, ele também deixa de ser um ativo, passando a ter o valor de um produto como qualquer outro.

A Bolsa de Valores cobra taxa de custódia de 0,105% ao mês. Quando negociado como ativo financeiro, o ganho de capital do ouro é isento de Imposto de Renda sempre que o valor total dos contratos não superar R$ 20 mil reais em um único mês.

A aplicação está sujeita também à cobrança de taxa de corretagem, que varia de acordo com a corretora contratada. Atualmente, muitas corretoras não mais cobram esta taxa.

4.13.2 VALE A PENA INVESTIR NA COMPRA DE DÓLAR?

Com o dólar em alta, a situação ficou apertada para quem precisa da moeda para viajar a passeio ou estudar no exterior. Por outro lado, a alta da moeda também desperta o interesse de investidores, que buscam saber se vale a pena comprar dólar como aplicação financeira, ou, até mesmo, de quem tem a moeda e quer lucrar com a venda.

Para a maioria dos especialistas, o ideal é comprar dólar aos poucos, de forma planejada, a fim de diminuir a diferença total. Mas, como a tendência é subir, talvez o melhor caminho seja comprar tudo de uma vez e pagar menos impostos na hora da compra.

Em 2015, a moeda valorizou 68% em um ano, e de lá para cá só tem aumentado. Quem está para viajar agora não tem muita opção: terá de pagar caro. Se você não irá viajar nem fazer alguma transação em dólar, a recomendação é: não compre.

Analistas financeiros defendem que dólar não é investimento. Quem comprou dólar a R$ 4 em 2002 perdeu dinheiro. De lá para cá, a inflação foi superior a 80%. Isso significa que o dólar tinha de estar valendo R$ 7 para empatar com a inflação da época. Se tivesse investido em tesouro direto, por exemplo, teria recebido inflação mais 6% ao ano. O dólar não rende juros, nem aluguel, nem dividendos. Se deixar na gaveta, pode ser roubado. Sem contar a taxa de administração, imposto de renda e risco, ainda que baixo, de desvalorização da moeda.

Portanto, se você tem dólar em casa, só vale a pena vender se não for usar mais tarde. Se ainda estiver pensando em usá-lo para viajar, por exemplo, fique com o dinheiro. Agora, se comprou o dólar a um preço muito mais baixo e não for mais usá-lo, a sugestão é vender um terço para embolsar uma parte do lucro.

4.13.3 MOEDA VIRTUAL, VALE A PENA?

A moeda virtual foi uma opção de compra muito vantajosa durante muito tempo, apesar de ser, conforme as relações de risco e retorno, de altíssimo risco. Apenas lembrando que quanto maior o risco, maior o retorno.

A grande questão dessa modalidade é que se compararmos com o ouro, por exemplo, este continuará sendo uma pedra preciosa. Derretendo, ele se torna uma joia. A moeda virtual, por outro lado, é virtual, como o próprio nome diz, ou seja, não temos garantia de que ela se tornará alguma coisa. Ela pode ou não vingar, porque é virtual. Há uma tendência muito grande desse tipo de moeda trazer muito valor, pois o futuro promete um valor altíssimo para esse dinheiro.

No Brasil, vimos um movimento significativo de pessoas que investiram e ganharam muito dinheiro com essa moeda, ao mesmo tempo em que outros perderam muito também. Fato é que no início algumas empresas, entre elas muitas americanas, aderiram a moeda virtual, ou seja, quem tinha a moeda podia comprar bens e serviços nas empresas que aceitavam esse tipo de dinheiro. Entretanto, o mercado ainda está se ajustando, o que fez com que muitas dessas empresas, parte de um mercado maduro, voltassem atrás na adesão dessa moeda como forma de pagamento.

Outra dificuldade a respeito desse assunto é a divergência entre países, o que complica ainda mais a circulação e universalização da moeda virtual. Portanto, esse dinheiro tem um risco altíssimo, apesar de muitos terem ganhado grana com isso. Porém, vale lembrar que para investimentos de altíssimo risco precisamos sempre considerar a hipótese de perder todo o dinheiro. Por isso, só invista caso:

- Você estude sobre isso e trace metas sobre os valores que vai investir.

- Você invista um dinheiro que pode ser jogado fora, ou seja, que não vai fazer falta a você.

4.14 CONSÓRCIO. ISSO VALE A PENA MESMO?

Sendo bem honesto, não. Isso porque os bancos e as empresas que administram consórcios precisam assegurar que terão o dinheiro do bem que está sendo oferecido. Nem todos que começam pagando permanecem até o final, e a empresa precisa garantir para quem pagou tudo que este receberá o produto consorciado. Sendo assim, as administradoras crescem uma porcentagem (que varia muito) no valor do bem contratado. Alguns podem demorar uns dois anos para receber o produto, por exemplo, e precisam saber que o valor desse bem terá sido alterado. De maneira mais prática ainda se tomarmos um carro como exemplo, é só repararmos que o seu valor não será o mesmo com o passar do tempo.

Quem vende o consórcio, muitas vezes, não deixa claro o valor dos juros aplicados sobre aquela carta, assim o cliente pode acabar financiando um valor muito mais alto do que pagaria se aplicasse o dinheiro ou deixasse render e depois comprasse o bem desejado. Essa é a diferença. Para esperar um consórcio e pagar juros, talvez seja melhor render o dinheiro em um investimento e pagar à vista. Contudo, aqui, talvez você questione que, apesar de soar bonito na teoria, não é tão simples comprar uma casa à vista. Obviamente, não é, e ambos concordamos nisso. Só não podemos desconsiderar os juros aplicados sobre o bem, uma vez que você tem outras formas de "escapar" deles. Muitas vezes, os juros sobre as parcelas do consórcio saem mais altos do que se pegássemos um empréstimo, caso não possamos esperar para pagar à vista.

Outro ponto negativo, mas que não é muito comentado, é que precisamos de um montante maior de dinheiro para dar o famoso "lance", caso queiramos "antecipar" a nossa contemplação. Sem contar que, na maioria dos casos, não há abatimento se quisermos quitar a dívida. Ou seja, não é a melhor opção para os que usam como forma de financiamento e podem dar um lance, quanto mais para os que precisam esperar até serem contemplados.

O consórcio não pode ser considerado poupança, já que não somos remunerados, pelo contrário, nós remuneramos o banco; e muito menos um investimento, até porque sua parcela pode subir a qualquer momento.

É evidente que eu entendo que muitos estão acostumados a pensar que o consórcio é a única saída para conseguir poupar grana, mas a minha sugestão para tentar driblar essa modalidade é pegar um financiamento, por exemplo, em que os juros são normalmente mais baixos. Considerando o tempo financeiro em que vivemos, não é bom ter nenhuma dívida que seja corrigida além da taxa contratada.

4.15 APOSENTADORIA

Falar sobre futuro é algo corriqueiro para a maioria das pessoas. Não há ninguém que nunca tenha pensado, discutido ou até mesmo feito planos para o futuro. O problema é que mesmo sendo um assunto tão sério e discutido, muitos ainda não estudam e se informam sobre esse tema com profundidade.

Antes de mais nada, você precisa se perguntar: "Como eu imagino a minha vida financeira no futuro? Quantos reais serão necessários para manter um padrão de vida saudável na velhice? De onde terei renda para viver com qualidade? Será que só a aposentadoria será suficiente?".

Vivemos momentos de transições políticas no Brasil e de mudanças no sistema previdenciário. Por isso, precisamos ficar de olho em nossas aposentadorias, nas notícias sobre esse tema, além de nos prepararmos para possíveis novas realidades a qualquer momento.

    O que pretendo aqui é levá-lo a refletir que, na verdade, nem sempre o valor recebido será correspondente ao que você costuma ganhar enquanto jovem. Portanto, você precisa começar a se organizar hoje se quiser manter um padrão de vida tranquilo na velhice. Não importa a idade que tenha hoje. Aliás, quanto mais novo, melhor.

    Um dos maiores desafios do planejamento financeiro é cumprir com as obrigações e viver o momento presente ao mesmo tempo, realizando sonhos no curto prazo e, ainda, poupando para a aposentadoria.

    Diante disso, é essencial você entender a necessidade de maximizar o retorno do seu patrimônio. Quanto antes você se habituar a poupar e investir, melhor será para você mesmo. A seguir algumas dicas sobre o tema:

- Defina o seu objetivo e estabeleça metas e prazos. Saiba onde e como você quer estar depois dos 60 anos. Isso é uma tarefa árdua e que exige muita persistência. Mas é melhor pensar nisso agora do que deixar para quando for tarde demais. A sua idade hoje não importa.

- Tenha em mente quais receitas você poderá contar. É claro que não temos como prever tudo, mas podemos fazer uma estimativa. Comece a poupar exclusivamente para garantir o seu futuro de maneira estável. No geral, a estimativa é que a sua aposentadoria seja apenas

20% da renda total que você usará para viver. Ou seja, certamente você precisará complementá-la.

- Contribua para um plano de previdência corporativo ou para um plano individual. Essas são boas opções de fontes de renda extra. Os planos de previdência corporativos são ainda melhores, uma vez que funcionam com contribuições mensais. Você se beneficia de alíquotas decrescentes quanto maior o prazo de investimento.

- Se você souber identificar bem em qual época você ganha mais dinheiro (como restituição do IR, décimo terceiro salário, participação nos lucros, etc.), você pode conseguir melhorar a sua estratégia para poupar sem prejudicar os momentos que estiver mais "apertado".

- Seja regular. Não mexa nesse dinheiro. Autoavalie-se. Reveja seu planejamento e a forma como ele está sendo executado. Quanto antes você começar a se organizar, melhor será a sua qualidade de vida na terceira idade. A hora de começar é agora.

Considerando, portanto, qualquer mudança que possa haver nas regras do INSS, recomendo o Tesouro Direto como uma opção interessante para quem pensa em aposentadoria.

O Tesouro Selic, como mencionei anteriormente, é um título indexado ao IPCA (inflação), o que garante rentabilidade real, e possui diversos prazos de vencimento. Além dele, existem outros tipos de títulos que podem ajudar a construir algo mais sólido para o futuro. Vale a pena pesquisar e considerar essa opção.

PARTE 5
CONCLUSÃO

Tudo na vida começa com um sim. Sei que muitas vezes os nossos sonhos parecem distantes demais, mas, acredite, não é o dinheiro (ou a falta dele) que nos fará chegar lá, e sim a nossa postura em perseguir o que realmente queremos. Sem o nosso sim, não tem o depois. O que conquistamos na vida sempre será resultado de uma postura nossa, e não de onde viemos ou o que temos. Isso não pode nos definir, assim como as conquistas em si também não podem nos definir. Não somos o carro que compramos, a casa que quitamos, a viagem que fizemos ou a marca de roupa de usamos. Somos o que permitimos nos tornar nos processos da vida. Porque a verdade é que o que importa mesmo é a transformação em nossa mentalidade, nossas atitudes e estilo de vida ao longo do caminho.

Eu vim de uma família classe média. Comecei a trabalhar com 17 anos de idade, e me lembro que meus pais adquiriram a primeira casa própria uns dois anos antes disso, o que era distante da realidade da maioria dos meus amigos, já que praticamente todos eles jamais se preocuparam com aluguel. Minha família nunca comprou o carro do ano e, apesar de em tempo algum termos passado necessidades como alguns que conheci, a nossa vida sempre foi regrada. Não podíamos nos dar ao luxo de esbanjar, fosse pouco ou muito. Sair do planejamento financeiro não era uma opção, era questão de sobrevivência.

Meus pais se viravam como podiam para manter as contas equilibradas, porém o meu pai, por ser alguém que se importava muito com os outros, durante toda a sua vida decidiu não apenas ajudar, mas dar tudo o que tinha para as pessoas que tinham menos condições que ele. Enquanto crescia, via meu pai infinitas vezes pegando empréstimos para ajudar os outros. Minha mãe, por outro lado, preocupada com aquela gestão, acabava economizando ainda mais no que já economizávamos.

Entretanto, eu escolhi escrever uma história diferente. Eu não queria passar necessidades, vontades e apenas sobreviver. Eu queria, sim, investir e ajudar as pessoas, mas sem precisar me endividar ou colocar o futuro da minha família em xeque para isso. Decidi que o meu futuro não seria ditado pela minha infância e adolescência, e sim pelo que eu sonhava e planejava. E eu podia sonhar e planejar o que eu quisesse, assim como você.

O que veio depois disso foi resultado de muito suor, aprendizado, tombos e perseverança. Nem tudo o que fizermos na vida dará certo, e tudo bem, porque assim aprenderemos novas formas de nos reinventar e nos tornarmos melhores.

Hoje, eu tenho a oportunidade de ajudar muitas pessoas próximas a mim, e sei que isso é favor de Deus, mas também é resultado do meu posicionamento anos atrás. Para mim, investir em pessoas é uma das maiores bênçãos que alguém pode ter, afinal não somos abençoados para guardarmos para nós, mas para abençoarmos os outros. Aprendi a cultivar esse coração com o meu pai, que, apesar de tudo, me ensinou a sempre pensar nos outros. Em contrapartida, com a minha mãe, aprendi a importância da organização financeira e do dia de amanhã. Decidi equilibrar esses ensinamentos e viver de forma tranquila, saudável e generosa. Sim, essas coisas podem se combinar, como vimos ao longo de todas essas páginas.

Quando eu estava no primeiro semestre da faculdade, meu pai faleceu por conta de um tumor no cérebro. Durante os próximos dois anos da faculdade, a minha família foi ajudada por cinco parentes, fora algumas outras pessoas que já bancavam a minha faculdade. Foi quando, no quarto semestre, consegui um bom emprego e passei a bancar a minha faculdade e ajudar em casa. Logo que me formei, ingressei na pós-graduação, que também consegui bancar, e depois ganhei um MBA pela empresa que eu trabalhava. Ao longo dos meus anos como profissional, dediquei-me a outros cursos, inclusive superiores, sempre buscando cada vez mais capacitação.

Após os muitos cursos, trabalhei 15 anos no mercado financeiro, e em alguns outros lugares, antes de me tornar empresário, consultor e palestrante. Aos 22 anos, com a morte de meu pai, poderia ter me revoltado contra Deus e o mundo, mas escolhi ancorar o meu coração e futuro n'Ele. Não me acho um super-herói por isso. São escolhas. Sempre temos a oportunidade de escolher. E quando percebi o quanto Deus me amava e que sempre esteve ao meu lado, entendi que a única opção seria permanecer sob a Sua direção. Aqui, nestas páginas, decidi não focar no sofrimento, dor, perrengues, desespero e nas tantas vezes em que pensei que não daria conta. Mas esses momentos existiram, e foram realmente muito difíceis.

A questão é que, enquanto mantinha os meus olhos fixos em Jesus, Ele nunca me permitiu pensar que as circunstâncias que passei ao longo da minha trajetória me definiam. Dessa forma, a minha parte, além de manter os meus olhos fixos em Jesus, foi realmente me posicionar. Eu escolhi superar, seguir em frente e trazer à memória o que me dava esperança.

Não foi fácil. Estudei, estudei e estudei, e depois trabalhei ainda mais duro, e continuo dando o meu melhor sempre. Porém, nunca me permiti dar desculpas pelo que eu tinha vivido em minha família. Aquilo, eu sabia, não me definia nem poderia me limitar.

Hoje em dia, muito mais do que na minha época, temos acesso à informações, estudos e capacitação. Temos mais oportunidades, portas abertas e chances de crescer, enriquecer e fazermos diferente. Mas tudo está condicionado ao nosso sim, ao nosso posicionamento. Não apenas no que diz respeito à nossa vida financeira, mas a tudo.

Por isso, saiba: seja qual for a situação que você esteja passando hoje, existe solução. Qualquer uma. Por meio das ferramentas práticas contidas neste livro, você é capaz de mudar a sua realidade financeira para melhor. Porém, tudo depende de você. Que você faça, que você não deixe para amanhã, que você saia da zona de conforto e que tenha disciplina, porque, por mais árduo que possa parecer o seu momento atual, se você se posicionar de maneira diferente, essa será apenas uma estação ruim, que vai passar. Por outro lado, sem mudanças em sua maneira de pensar e agir, a sua vida nunca será diferente. Lembre-se: a mentalidade é um dos fatores decisivos no processo de enriquecimento ou qualquer outro processo de transformação.

No mais, a mensagem final que escolho deixar aqui é algo que a Bíblia me ensinou e que tenho sido cada vez mais provado pelo próprio Deus. A riqueza por si mesma não vale muita coisa. De que adianta ter tanto dinheiro se não temos o coração no lugar certo? De que adianta sermos tão abençoados se não temos consciência de que Deus deseja usar a nossa bênção para abençoar outras pessoas também? Quanto mais ando com Jesus, mais sou instigado e impelido a ter um coração generoso e doador. Desafie-se a cultivar uma vida de generosidade e surpreenda-se com os frutos e testemunhos que colecionará. Neste dia, escolha se posicionar de forma nova, afinal é muito mais feliz aquele que dá do que o que recebe (Atos 20:35).

TABELAS - FAÇA VOCÊ MESMO

TABELA REFERENTE Á PAGINA 51

DATA	ITEM	PREVISTO	REALIZADO
TOTAL			

TABELA REFERENTE Á PAGINA 52

DATA	ITEM	PREVISTO	REALIZADO
TOTAL			

TABELA REFERENTE Á PAGINA 54

DATA	ITEM	PREVISTO	REALIZADO
TOTAL			

TABELA REFERENTE Á PAGINA 60

DATA	ITEM	PREVISTO	REALIZADO
TOTAL			

TABELA REFERENTE Á PAGINA 65

DATA	ITEM	PREVISTO	REALIZADO
TOTAL			

TABELA REFERENTE Á PAGINA 68

DATA	ITEM	PREVISTO	REALIZADO

TOTAL		